민들레는 장미를
부러워하지 않는다

민들레는 장미를
부러워하지 않는다

황대권 글

열림원

아직 아무도 가보지 않은 길,
그곳에 새로운 힘이 숨어 있습니다……

작가의 말
민들레는 장미를 부러워하지 않는다

　숙이네 집 앞마당에는 작은 잔디밭이 있습니다. 겨우내 누렇기만 하던 잔디밭이 4월의 따스한 햇볕 아래 점차 연한 초록빛으로 변해가고 있었습니다. 숙이 아버지가 지난여름 잔디 사이에 난 야생초들을 그렇게 뽑아내었지만 올봄에도 어김없이 민들레며 질경이며 이름을 알 수 없는 야생초들이 고개를 내밀었습니다. 숙이는 촘촘히 난 잔디 사이를 뚫고 자라나 저마다 예쁜 꽃을 피워내는 야생초들이 좋았습니다. 오늘도 숙이는 나른한 봄햇살 아래 잔디밭에 엎드려 이제 막 꽃망울을 터뜨리려는 아기별꽃을 바라보고 있었습니다.

　그때였습니다. 숙이 아버지가 삽과 장미 묘목을 하나 들고 나타났습니다. 아마 시장에서 사온 모양입니다. 숙이 아버지는 삽으로 잔디밭 한가운데를 둥그렇게 파내고 장미를 심기 시작했습니다. 잔디풀이 깎여나가면서 숙이가 좋아하는 야생초 몇 가지도 함께 뽑혀나가고 말았습니다. 안타까운 일이었지만 아버지가 하시는 일이라 숙이는 아무 말도 못 했습니다.

　장미꽃을 심어놓고 숙이 아버지는 매일 아침 정성스레 물을 주었습니다. 장미는 무럭무럭 자랐습니다. 날씨가 점점 따뜻해지자 장미는 드디어 꽃을 피우기 시작했습니다. 화사하기 그지없는 꽃이었습니다. 장미는 잔디밭에 자기밖에 없는 양 으스대었습니다. 마치 '누구 나보다 예쁜 놈 있으면 나와봐!' 하는 듯하였습니다.

　장미꽃 아래에는 그새 많은 야생초들이 꽃을 피워내고 있었습니다. 민들레, 냉이, 지칭개, 꽃마리, 애기똥풀, 고들빼기…… 이들은 저마다 자기만의 작고 예쁜 꽃을 피워냈지만 누구도 상대방을 깔보거나 으스대지 않았습니다. 장미는 발아래 있는 민들레에게 말을 걸었습니다. '너는 어째 그렇게 키가 작고 못생겼니?' 민들레는 힐끗 위를 쳐다보기만 할 뿐 아무 일도 없었다는 듯 다른 야생초들과 재미나게 이야기를 나누었습니다. 민들레는 결코 장미를 부러워하지 않았습니다. 민들레뿐 아니라 다른 어떤 야생초들도 장미를 부러워하지 않았습니다.

　어느덧 한여름이 되어 숙이 아버지는 가족들과 함께 멀리 휴가를 떠났습니다. 여름 햇볕은 타는 듯이 뜨거웠습니다. 매일 아침 숙이 아버지로부터 물을 받아먹던 장미는 목이 말라 견딜 수가 없었습니다. 이미 꽃이 진 장미는 서서히 여위어갔습니다. 그러나 발아래 야생초들은 여전히 싱싱하게 꽃들을 피워내고 있었습니다.

사람들은 장미를 꽃의 여왕이라고 칭송하며 다른 꽃들은 쳐다보려 하지도 않습니다. 장미가 아름답다는 것은 그 꽃을 만들어낸 서양 사람들의 취향일 뿐인데도 서양 문물에 혼을 빼앗긴 우리들은 오늘도 장미를 닮으려고 애를 쓰고 있습니다.

　그러나 한번 생각해보십시오. 이 세상의 꽃밭에 장미만 가득하다면 어떠할지를. 무척 재미없을 것입니다. 세상이 아름답고 재미있는 이유는 서로 다른 모습의 꽃들이 조화롭게 피어 있기 때문입니다. 그런데 힘깨나 쓰는 인간들이 자기가 좋아하는 몇 가지 꽃들을 최고라고 우겨대면서 그것을 인정하지 않는 이들에게 꽃에 대해 모르는 것이라며 윽박지릅니다. 사람들은 처음엔 그런가? 하면서 반신반의하다가도 반복해서 듣다 보면 어느새 그것이 아름다움의 기준이 되고 나중엔 모두들 나서서 그 기준을 쫓아다니게 됩니다. 그렇게 해서 세상은 점점 단조롭고 삭막해져가는 것입니다.

　이와 똑같은 일들이 우리 주변에서 매일같이 벌어지고 있습니다. TV 드라마에 나오는 연예인이 예쁘다며 그를 닮으려고 얼굴을 뜯어고치고 옷을 사 입고 하다 보니 길거리에 나가보면 다 그 얼굴이 그 얼굴입니다. 가장 아름다운 얼굴은 자신이 부모님으로부터 물려받은 본래의 모습인데도 말입니다.

　그러나 정말로 중요한 것은 그 얼굴에서 뿜어나오는 사랑의 빛입니다. 아무리 예뻐 보여도 사랑의 빛이 없는 얼굴은 10분만 쳐다보고 있으면 금방 싫증이 납니다. 반대로 평범하게 보일지라도 사랑의 빛이 충만한 얼굴은 보면 볼수록 정이 듭니다. 사랑의 빛은 남이 나를 사랑해주기를 바랄 때가 아니라 내가 나를 사랑할 때 나오는 빛입니다. 자기를 제대로 사랑할 줄 아는 사람이 왜 남을 닮으려고 안달을 하겠습니까. 자신을 사랑할 줄 아는 사람이 남도 사랑할 수 있습니다.

민들레가 장미를 부러워하지 않는 것은 자신을 온전히 사랑하기 때문입니다. 야생초가 만발한 들판이 아름다운 이유도 자신을 온전히 사랑할 줄 아는 온갖 꽃과 풀들이 서로 어울려 사랑하고 있기 때문입니다. 우리 인간 사회도 야생초 화단처럼 평화롭고 아름답다면 얼마나 좋겠습니까. 그러기 위해서는 먼저 타고난 자기 자신을 사랑하고 그 사랑의 힘으로 남을 사랑해야 합니다. 민들레는 결코 장미를 부러워하지 않습니다.

2006년 10월 태청산 자락에서
바우 황대권

차례

작가의 말—민들레는 장미를 부러워하지 않는다 6

산처럼 생각하기

선은 기다림 속에 자란다 16
바보들의 집짓기 20
모든 기른 것은 다 님이다 23
물 한 잔 앞에 놓고 27
결국 하나인 생명 32
산처럼 생각하기 36
밥 모심 41
똥 모심 44
군화와 고무신의 차이 47
직선은 곡선을 이길 수 없다 50
콜카타에서 만난 희망의 속삭임 54
어떤 생명이 더 소중한가 57

사람끼리만 행복할 수 있을까 60

생명의 다양성이 우리를 살린다 64

사는 것만큼 죽는 것도 중요하다 69

밥상으로 들여다본 나 74

문명의 발달과 몸의 퇴화 82

참문명은 자연을 거스르지 않는다 88

인간의 권리와 자연의 권리 93

똑바로 바라보기

가운뎃길에 선 이들에게 98

잃어버린 강변 104

조각난 풍경 109

벗겨야 산다 112

참다운 숲 살리기 116

내가 사는 땅의 주인은 누구인가 121

생명의 성스러운 근원의 상품화 127

진실로 농민을 걱정한다면 130

희망이 없는 곳엔 사람도 없다 133

세상을 지배하는 경제종교 136

자연재해와 빈곤 140

지구적으로 생각하는 것이 위험한 이유 143

잔디와 제국주의 146

약장사의 원대한 포부 152

네가 있음으로 내가 사는 정치 156

생태주의 시대와 잡초론 159

국가이익이냐 진리냐 165

사람이 사람다울 권리 170

튀지도 말고 뒤처지지도 말고 175

멀리 내다보기

도시를 바꾸는 작은 씨앗 182

작은 것이 희망이다 186

소유와 소비를 넘어 나눔의 공동체로 194

내가 야생초 짓기를 권하는 까닭 200

《야생초 편지》의 독자들에게 205
야생초에 깃든 풍요로운 삶 208
결국 사람에게 달렸다 217
깨우친 대로 사는 삶을 위하여 224

산처럼 생각하기

　　　　　　　　　　　　　　　　　　　　　살다 보면 삶이 뜻대로 되지 않고 앞이 막막할 때가 있습니다. 머리를 쥐어짜고 생각에 생각을 거듭해도 처음 그 자리일 때가 있습니다. 이럴 땐 흙탕물을 맑은 유리잔에 한 잔 가득 담아서 책상 위에 올려놓습니다. 그리고 전깃불을 모두 끄고 촛불을 하나 켭니다. 모든 생각을 끊고 유리잔만 바라봅니다. 십 분, 이십 분……

선은 기다림 속에 자란다

형제를 변화시키려 하지 말라.
기다려라.
기다리는 중에 내가 변화된다.
그러면 변화된 나로 인하여
형제가 변화될 것이다.

악은 실체가 아니다.
선의 부족 상태일 뿐.
그러니 선을 북돋우라.
악은 몰아댈수록 야수처럼 자라지만
선은 식물처럼 기다림 속에 자라난다.

―초대 기독교 수도 공동체 규칙서

이메일을 열어보면 이런저런 인연으로 알게 된 개인이나 단체로부터 정기적으로 배달되는 이메일이 있다. 청와대에서 보내는 국정홍보에서부터 개인의 일상에서 건져올린 소박한 깨달음에 이르기까지 실로 인터넷 매체의 다양함과 신속함을 절실히 느끼게 되는 내용들이다. 그 사이에 광고 이메일까지 마구 섞여 있다. 그러다 보니 일일이 읽어보지도 못하고 지워버리는 일도 허다하다.

  이 시는 그 와중에 걸려든 보석 같은 글이다. 마치 쓰레기 더미 가운데에서 어슬렁거리다가 찾고 있던 물건을 발견했을 때의 기분이었다. 그렇다고 내게 보내지는 이메일들이 쓰레기 같다는 말은 결코 아니다. 내가 주기적으로 지역의 쓰레기 집하장에 가서 필요한 물건들을 주워 조달하곤 하기 때문에 이런 비유를 쓰는 것이다.

  《야생초 편지》에 나오는 "평화란 남이 내 뜻대로 되어주길 바라는 마음을 그만둘 때"라는 구절이 많은 사람들에게 공감을 불러일으켜 여기저기 인용되는 것을 바라보면서 괜스레 송구스러운 마음이 들었던 것이 내 솔직한 심정이었다. 그 말을 꺼낸 장본인인 내가 그 말에 따라 살고 있지 못하다는 자책감 때문이었다. 그렇게 괴로워하던 참에 만난 시였기에 내가 더욱 기뻐했는지도 모르겠다.

  사람들과 부대껴 살면서 주변의 일들이 자신의 뜻대로 되지 않을 때만큼 답답한 것이 없다. 특히 목적의식을 가지고 사회운동을 하는 사람일수록 그렇다. 자신의 뜻대로 사람이, 세상이 변해주길 바라는 마음이 없다면 처음부터 사회운동에 나서지도 않았을 것이다. 그러나 제 뜻대로만 되는 일이 어디 있겠는가? 조급한 마음에 자신의 의지를 선

불리 들이대면 들이댈수록 상대방은 더욱 움츠러들게 마련이다. 그럼에도 목적지향적인 사람들은 좀처럼 포기하지 못한다. 결국 갈 데까지 다 가고 나서야 허탈한 심정으로 포기한다. 《야생초 편지》의 그 구절은 내가 이러한 과정을 무수히 반복한 끝에 나온 것이다.

그런데 세상에 나오니 감옥에서보다 더 포기하기가 쉽지 않았다. 아마도 열린 공간이라 무언가 수단을 부려볼 여지가 더 있으리라는 믿음 때문이었을 것이다. 그것이 쥐약이다. 수단은 어디까지나 수단이지 진리 그것은 아닐진대. 그럼에도 자꾸 이런저런 수단에 의지하려고 몸부림치다 보면 자신이 의도하지 않았는데도 애초의 진실성은 사라지고 과장된 몸짓만 남게 되는 것을 종종 보게 된다. 나의 몸짓이 격렬할수록 나의 심정은 더욱 절실한데 어이없게도 상대방에게는 그 절실함이 전해지지 않는 것이다.

진리가 전해지는 과정은 대단히 미묘하고 신령스러운 데가 있어서 나의 의지나 열정과는 관계없이 이루어지는 것 같다. 불교에서는 이를 이심전심(以心傳心)이니 염화미소(拈華微笑)니 하는 말로 표현한다. 쉽게 말하면 오직 마음으로써만 알아볼 수 있다는 것이다. 그런데 언어도단의 이 불교적 용어 속에는 진리가 전해지는 과정과 모습이 전혀 들어 있지 않아 보통 사람들의 이해력으로는 가까이 가기가 힘들다. 반면에 기독교 공동체의 그것은 아주 쉽고 사실적으로 씌어 있어서 마치 난해한 수학문제를 풀다가 간단한 산수문제를 대하게 되는 느낌이다. 그렇다고 해서 문제풀기가 쉽다는 것은 결코 아니다. 요점은 선(善)을 북돋우면서 식물처럼 기다리라는 것.

하, 어렵다!

숟가락만 놓으면 남의 악을 들추는 일에 재미를 느끼며 사는데 선을 북돋우라니. 게다가 모든 것이 광속(光速)으로 핑핑 왔다 갔다 하는 세상에서 식물처럼 기다리라니. 그래도 진리가 그런 식으로 전달될 수밖에 없다는데 어찌할거나.

어제도 내 뜻대로 움직여주지 않는 후배에게 한바탕 짜증을 부리고 나서 혼자 가슴을 쳤다. 안 되겠다 싶어서 이제부턴 자신에게 최면을 걸기로 했다. 자나 깨나 앉으나 서나 같은 말을 반복하여 중얼거리는 것이다. 말이 말로 느껴지지 않을 때까지.

"선을 북돋우라, 선을 북돋우라, 선을 북돋우라······."

바보들의 집짓기

한동안 서울에서 팔자에 없는 고층 아파트에 살다가 까치가 집 짓는 모습을 위에서 바라본 적이 있다. 아파트 정문 입구에 은행나무가 한 그루 서 있는데 높이가 아파트 6층 정도나 되었다. 어느 날부터인가 한 쌍의 까치 부부가 날아와서 나무 꼭대기 언저리에 자리를 잡고 집을 짓기 시작했다. 우리 집은 7층인데다 창문을 열면 나무가 코앞에 있었으므로 이들 부부가 집짓는 모습을 아주 자세히 바라볼 수가 있었다.

둘은 거의 하루 종일 인근 숲 속을 날아다니며 건축 재료가 될 나뭇가지를 가져다 나르기에 바빴다. 나는 처음에 까치가 땅에 떨어져 있는 부러진 나뭇가지만 주워오는 줄 알았는데 그게 아니었다. 가만히 보니 땅에 떨어진 것을 줍기도 하지만 근처에 있는 생나뭇가지를 날카로운 부리로 꺾어서 날아오는 경우가 더 많았다. 하긴 죽은 나뭇가지보다 생나뭇가지가 더 튼튼할 테니.

그런데 이들이 집을 짓기 시작한 지 2주일이 지나도록 본체가 올라갈 기미가 보이지 않는 것이었다. 부지런히 재료는 물어다 나르는데

도대체 어떻게 된 건지 알 수가 없었다. 처음엔 무심코 지나쳤다가 아무래도 이상해서 이들의 하는 양을 자세히 들여다보았다. 정말 바보 같은 놈들이었다. 나뭇가지를 물어오는 족족 제자리에 앉히기도 전에 다 떨어뜨리고 마는 것이었다. 떨어뜨리면 내려가서 주워오고 떨어뜨리면 또 주워오고……. 미련해도 그렇게 미련할 수가 없었다. 바라보는 내가 답답하고 불쌍해서 견딜 수가 없었다.

하루는 아파트에 들어서면서 보니 은행나무 밑에 부러진 나뭇가지가 수북하게 쌓여 있는 것이었다. 정문을 지키고 있는 경비아저씨 말로는 자기가 떨어진 나뭇가지들을 한번 쓸어서 버렸는데 또 저만큼 쌓였다는 것이다. 저 정도 쌓인 나뭇가지라면 벌써 집 한 채는 짓고도 남았을 텐데, 도대체 무엇을 하고 있는 것인지……. 정말 바보일까? 아니면 집짓는 연습을?

나뭇가지를 부리로 단단히 물고 은행나무 가지 사이에 앉히려고 애를 쓰는 것을 보면 연습은 분명 아니다. 그렇다면 기술 부족인가? 지금 훌륭히 다 지어놓은 모습을 보면 기술 부족이란 말로도 설명이 안 된다. 그렇게 실패를 거듭하던 어느 날, 까치 부부는 드디어 기초를 놓는 데 성공하였고 그 뒤로 집이 완성되는 데는 그리 오랜 시간이 걸리지 않았다.

나는 고민에 빠졌다. 기초를 놓기까지 까치의 저 무수한 실패의 반복을 어떻게 설명해야 할지. 그만큼 기초를 놓는 것이 중요하고 힘들다고 말해버리면 너무 싱겁다. 나는 거기에는 틀림없이 이유가 있을 것이라고 생각했다.

　까치와 말이 안 통하니 할 수 없이 나 자신은 그와 비슷한 실패가 없었는지 곰곰 생각해보았다. 그렇다. 나에게도 그런 경험이 있었다. 붓글씨를 배울 때였다. 맘에 드는 선 하나를 얻기 위해 수백 번의 선을 그어야 했던 초보 시절의 인내와 오기가 떠올랐다. 접착제나 도구 하나 없이 태풍이 불어도 끄떡 않는 나무 위의 집을 짓기 위해 까치는 미련해 보이기까지 하는 동작을 수없이 되풀이한 것이다. 나뭇가지 사이에 단 하나밖에 없는 자리를 찾아내기 위해서.

모든 기룬 것은 다 님이다

며칠 전 가까이 사는 한 아우님이 농장을 찾아왔다. 흐드러진 봄 날씨는 아니었지만 봄바람이 제법 감미로운 산기슭에서 아우님이 소리친다.

"아, 제비꽃님이 나오시네!"

"어, 저기 참꽃님 좀 보아. 우릴 보고 웃으시는 것 같네."

그는 눈에 보이는 모든 것에, 심지어 돌과 바람과 구름에도 '님' 자를 붙여 말을 했다. 처음엔 반복되는 '님' 자가 귀에 거슬렸는데 자꾸 듣다 보니 자연스럽게 들리는 것 같았다. 어쩌면 지극한 자연주의자인 그의 입에서 나온 말이었기 때문인지도 모르겠다.

만해 한용운은 "님만 님이 아니라 모든 기룬 것은 다 님이다"라고 읊었다. '기루다'는 요사이 좀처럼 쓰지 않는 말인데 '그리워하다' 또는 '사랑하다'라는 뜻을 지닌 옛말이라고 한다. 말하자면 내가 애틋하게 생각하는 모든 것은 다 '님'이라는 것이다. 그렇다면 내가 마음만 먹으면 나를 둘러싸고 있는 모든 존재들이 나의 '님'이 된다는 소리다.

하지만 그것이 어디 쉬운 일인가? 대부분의 경우 우리는 자신의 잣

대나 기분에 맞지 않으면 상대방을 모두 '놈'으로 만들어버리기 일쑤다. 솔직히 말해서 우리 주위에는 '님'보다 '놈'이 더 많다. 그리고 그 둘을 합친 것보다 더 많은 것이 '남'이다. 우리네 삶이 고달픈 이유도 주위에 '님'보다 '남'과 '놈'이 훨씬 많기 때문이다. 전부 스스로 만든 업보다. 진정으로 행복해지길 원한다면 이 비율을 '님 〉남 〉놈'의 순서로 바꾸려고 노력해야 한다.

내 앞에 있는 모든 것이 '님'이 되기 위해서는 우선 생명의 실상에 대해 잘 알아야 한다. 생명이란 나와 너의 의존관계 속에서 생겨난다. 생명의 자람과 번성 또한 그렇다. 생명은 애초부터 공동체적인 존재인 것이다. 그러나 생명의 성장과 함께 자의식이 생겨남으로써 나와 너를 구분하게 되고, 사회화 과정에서 얻어진 '나'의 판단기준에 따라 '너'는 '나'와 거리를 갖게 된다. 달리 말해 멀리 있는 것은 '놈'이 되고, 가까이 있는 것은 '님'이 되며, 그 사이에 있는 것은 모두 '남'이 된다.

그러므로 '남'과 '놈'을 줄이려면 첫째로 자의식에서 벗어나야 하고, 둘째로는 판단을 그만두어야 한다. 정말이지 무지하게 어려운 일이다. 오죽하면 이를 위해 머리를 깎고 산에 들어가겠는가! 그렇다고 우리 모두 수도자가 되자고 말할 수도 없다. 좀 더 보통 사람들의 상황에 맞추어 생각해보자.

자의식에서 벗어나는 대신 자신을 낮추는 일은 조금 더 쉬워 보인다. 그리고 판단을 그만두기보다 판단을 유보하는 것이 조금 더 쉬워 보인다. 평소에 우습게만 보아왔던 김씨보다 내가 결코 우월한 사람이 아닐 수도 있다는 것을 생각해보는 것이다. 틀림없이 내가 생각해보지 못한 다른 기준에 따른다면 그럴 수도 있을 것이다. 그런 생각이 들면 일단 자신을 낮추고 상대방 또는 남들이 가지고 있는 가치기준을 이해하려고 노력해야 한다. 이런 연습을 매일의 삶 속에서 반복하다 보면 어느덧 내 주위에 '남'과 '놈'의 숫자가 눈에 띄게 줄어든 것을 깨닫게 될 것이다. 이렇게 해서 내 주위가 '님'으로 둘러싸이면 생명의 공동체적 본질이 회복되는 것이다.

그런데 우리는 같은 사람에게는 기꺼이 '님' 자를 붙여주면서도 사람이 아닌 다른 '생명' 또는 '생명력을 느끼는 다른 존재'에게는 잘 붙이지 않는다. 일종의 관습이다. 그러나 좋은 관습은 얼마든지 새로 만들어도 좋지 않을까. 여기서 다시 만해의 말을 떠올려보자. 내가 애틋하게 여기는 모든 것은 '님'이라고 했다. 애틋하게 여기는 것이 동물일 수도 있고 저녁노을일 수도 있다. 재미있게도 우리가 일단 애틋하게 여기게 되면 평소에 생명체라고 여기지 않았던 것들에 대해서도 감정을 느끼게 된다.

무심히 보면 그냥 돌에 지나지 않는 것도 각별한 관심을 갖고 보면 그 안에서 꿈틀거리는 생명력을 느낄 수 있다. 아시시의 성 프란체스코가 무너진 성당의 돌담을 쌓을 적에 만졌던 돌들이 그렇다. 성인에게 그 돌들은 단순한 건축 재료가 아니었다. 하느님의 성전에 봉헌된 당신과 똑같은 생명체였다. 심지어 성인은 돌이 놓일 위치까지도 돌에게 물어보았다. 그렇게 지어진 성전이었기에 미사 때에는 온갖 새와 나비와 초목들이 함께 참례했던 것이다.

프란체스코 성인의 가르침을 한마디로 줄이면 공동체적 존재로서의 나와 자연은 하나라는 사실이다. 그러므로 살아 있는(또는 살아 있다고 생각하는) 모든 것을 내 몸과 같이 소중히 여기고 모시는 일은 곧 나를 소중히 여기는 것과 같다. 남을 업신여기고 욕하면 나 자신도 비참해지는 것은 비단 인간에게만 국한되지 않는다. 내 발밑에 있는 풀 한 포기도 소중한 마음으로 아껴준다면 그만큼 나 자신도 귀한 대접을 받는다.

보이는 누군가로부터 대접받는 것보다 보이지 않는 하느님으로부터 은밀하게 주어지는 선물이야말로 충만한 기쁨의 원천이 된다. 그 선물은 내 안의 넘쳐나는 생명력이며 다른 생명과 더불어 살고 있다는 안도감이다. 기독교에서 '성령의 은총 속에 산다'라고 하는 말은 이러한 생명의 연대 안에 살고 있다는 말과 같다.

마음을 내어 눈앞에 보이는 모든 생명들의 이름 끝에 '님'자를 붙여 불러보자. 자신이 조금은 거룩해지는 느낌이 들 것이다. 그렇게 자꾸 부르다 보면 나와 똑같이 생긴 이웃들에게 상소리를 하는 것은 너무하다는 생각이 절로 들 것이다.

"오소서 비님아, 벌님아, 나비님아!"

물 한 잔 앞에 놓고

"그에게는 해야 할 일들이 너무나 많아서 삶을 살 시간이 없었다."
-오쇼 라즈니쉬

살다 보면
삶이 뜻대로 되지 않고
앞이 막막할 때가 있습니다.
머리를 쥐어짜고 생각에 생각을 거듭해도
처음 그 자리일 때가 있습니다.

이럴 땐 흙탕물을 맑은 유리잔에 한 잔 가득 담아서
책상 위에 올려놓습니다.
그리고 전깃불을 모두 끄고
촛불을 하나 켭니다.

모든 생각을 끊고
유리잔만 바라봅니다.
십 분, 이십 분······.
흙이 가라앉고 맑은 물이 고입니다.
그 맑은 물을 바라보며
언제까지고 그렇게 앉아 있습니다.

내면에서 무언가 꿈틀댈 수도 있고
아무런 일도 일어나지 않을 수도 있습니다.
깊은 나락에 빠져드는 기분이 들 때도 있고
자기도 모르게 잠이 드는 수도 있습니다.

새 길은 길이 끝나는 곳에서 시작되는 법입니다.
사람들은 흔히 끝까지 가보지도 않고
아무것도 없다고 말합니다.
백척간두진일보(百尺竿頭進一步)이지요.

참된 결심은 사실 내가 하는 것이 아닙니다.
걸림 없는 그분께서 결심하시면
나는 그에 따라 행동할 따름입니다.
마음을 비우면 몸이 알아서 움직입니다.

신은 우리 곁에 늘 계시지만
생각이 많은 우리 마음속에
들어오지 못하시고 안타까이
바라보고만 있을 때가 많습니다.

누구나 다 도인이 될 수는 없지만
누구든 한 잔 물을 떠놓고
바라볼 수는 있습니다.

아마도 지구상에서 가장 바쁘게 사는 사람은 한국인이 아닐까 하는 생각이 든다. 영국 런던에서 오랫동안 일하다가 한국으로 발령이 난 한 친구는 처음에 한국 회사의 빠른 일 속도에 적응하느라고 무척이나 애를 먹었다고 실토한 적이 있다. 조직의 장이나 간부는 고사하고 말단 직원에 이르기까지 서로 얼굴을 확인하기 어려울 지경으로 바쁜 게 우리의 현실이다.

어디 어른들뿐인가. 아이들은 아이들대로 학원이다 과외다 해서 어른 못지않게 바쁘다. 무언가 잘못되어도 한참 잘못된 사회 속에서 살고 있음에 틀림이 없다. 이렇게 바쁘게 산다고 해서 행복의 크기가 더 커지는 것도 아니고 이웃과의 정분이 더 두터워지는 것도 아닐 텐데, 마치 바쁘게 굴지 않으면 낙오자라도 되는 양 부지런을 떨고 있다. 물어보면 모두들 바쁜 이유가 있다. 당장 내일이라도 입금을 시키지 않으면 부도가 난다느니, 오늘 오후까지 인원 동원을 하지 못하면 운동의 열기가 식어버린다느니. 하여간 사업하는 사람이건 정치하는 사람이건 운동하는 사람이건 간에 누가 보아도 바쁘게 굴지 않으면 안 될 사정이 있는 건 분명한 것 같다.

그러나 한발 물러서서 생각해보자. 우리가 바쁘게 살아온 지난 수십 년을 한번 돌이켜보자. '나는 바빴노라. 그리하여 나는 행복했노라!'라고 얘기할 수 있을까? 자동차를 타고 길을 달려보면 속력을 급하게 낼수록 가까이에 있는 풍경은 잘 보이지 않게 된다. 멀리 있는 풍경은 속력을 내든 안 내든 다 보이게 마련이므로 문제될 게 없다.

그런데 우리에게 정작 중요한 것은 가까이에 있는 풍경, 즉 우리의 이웃이다. 우리 사회가 날이 갈수록 삭막해지는 것은 지나친 속력으로 인해서 이웃을 잃어버렸기 때문이 아닐까? 행복이란 저 멀리에 있는 풍경에서가 아니라 손을 뻗으면 만질 수 있는 이웃과의 관계에서 얻어질 가능성이 더 많다. 그것은 이웃들에 둘러싸여 아옹다옹 살고 있는 가난한 나라의 사람들이, 추상적인 가치를 추구하며 바쁘게 살고 있는 서구인들보다 더 행복하다고 스스로 말하는 것을 보아도 확인할 수 있다.

GNP 2만 불이니 선진국 진입이니 하는 것들은 지금 당장 우리가 만질 수 없는 것들이다. 바쁘게 살다 보면 언젠가는 만질 수 있을지도 모르지만 그렇다고 해서 행복해진다는 보장은 어디에도 없다. 보장은 커녕 그때가 되면 또 다른 추상적인 목표를 설정해놓고 더욱 허리띠를 졸라매자고 치근댈 것이 틀림없다.

막연하나마 행복은 속도와 반비례할 것이란 생각이 든다. 대체로 무서운 속력을 내는 사람들은 까닭 없이 주위 사람들을 불안하게 하고 종국에는 자신마저도 망치는 경우가 많다. 물론 살다 보면 속도를 내야 할 때가 있기는 있다. 그러나 지금 한국 사회가 보여주고 있는 높은 속도는 '어쩌다'가 아니라 거의 '올 타임(all time)'이다. 라즈니쉬의 말마따나 삶을 살 시간이 없는 지경이다.

이참에 한 가지를 제의하고 싶다. 물 한 잔 떠놓고 바라보는 운동이다. 하루(아니면 일주일) 중 어느 한순간에라도 물 한 잔을 떠놓고 조용히 들여다보는 운동이 벌어졌으면 하는 것이다. 뭐 굳이 명상이니 관조니 하는 말도 붙일 필요가 없다. 그냥 어떨까 하는 심정으로 해보는 것으로 족하리라.

결국 하나인 생명

오랫동안 만나지 못했던 후배로부터 전화가 왔다.
"형님, 친구들과 그 동네로 쭈꾸미를 먹으러 가는데 형님도 나오슈."

이맘때가 되면 서해안 여기저기에서 쭈꾸미 축제가 벌어지곤 한다. 급하게 옷을 챙겨입고 염산포구의 선창가로 갔다. 큼지막한 간판을 단 횟집에 가서 물어보니 쭈꾸미 생물이 없단다. 수입 냉동산을 권하기에 그냥 나왔다. 그 길로 함평 해안까지 포구란 포구를 다 뒤져도 쭈꾸미 생물을 볼 수가 없었다. 조금 철이 늦었다고는 해도 이럴 수가 없었다. 결국 쭈꾸미는 구경도 못 하고 맘에도 없는 매운탕을 먹어야 했다. 수질 오염과 수온 상승으로 연안어업이 날로 피폐해지고 있다는 소릴 들은 지 오래건만 이렇듯 심각한 줄은 몰랐다.

집에 돌아오니 동네 아주머니가 농약통을 짊어지고 마당에서 제초제를 치고 있었다.

"아주머니, 거기 풀밭 사이에 내가 여러 가지 꽃씨를 뿌려놨는데 농약을 치면 어떡해요!"

"뭔 소리여, 나는 풀만 보면 골이 지끈지끈헌디."

아무리 '웬수 같은' 풀이라지만 농사와는 하등 관련이 없는 마당에 난 풀까지 모조리 약을 써서 없애야만 속이 풀리는 농부의 마음을 어떻게 받아들여야 할까?

아마도 아주머니는 자신이 친 농약이 인근 해안에서 고기가 안 잡히는 것과 관련이 있다는 사실을 까맣게 모르고 있을 것이다. 어디 이뿐인가? 아직도 동네에는 훤한 대낮인데도 비닐 쓰레기를 태우는 사람들이 있다. 시꺼먼 연기가 꾸물꾸물 하늘로 올라가도 아무렇지 않은 표정으로 불길 위에 자꾸 쓰레기를 얹는다. 하늘로 올라간 유독물질들이 다시 내려와 논밭을 뒤덮고 자기 집 간장독에 내려앉는데도 아랑곳없다.

그나저나 자연에 대한 이 모든 '테러 행위'의 최대 피해자는 바다이다. 모든 것이 물에 씻겨 바다로 흘러들기 때문이다. 얼마 전 한국인의 혈중 중금속 농도가 서양인들보다 5~8배나 높다는 뉴스가 보도되어 충격을 준 적이 있다. 아마도 생선을 좋아하는 한국인들의 식성 때문이 아닌가 한다. 생선회를 유난히 즐기는 일본인들의 그것이 한국인보다도 더 높게 나타난 사실을 보면 중금속 오염이 먹거리와 관련 있음이 틀림없다.

상황이 이 지경인데도 사람들은 근본적인 해결책을 찾기보다 건강에 좋다는 보신제와 약을 찾는 일에 더 관심을 기울인다. 참으로 바보

같은 짓이다. 건강하지 못한 환경을 만들어놓고는 비싼 돈을 들여 건강해지는 약을 사먹다니. 덕분에 산속에 자생하는 약나무들은 멸종 직전에 처해 있다. 어떻게 해야 이 무지의 악순환을 끊을 수 있을까? 어떻게 해야 이 깊어만 가는 문명의 병을 치유할 수 있을까?

수년 전 영국에 있을 때 슈마허대학의 생태학 관련 현장교육에서 겪은 일이다. 우리는 그때 해안가의 절벽 위에 서서 지도교수의 설명을 듣고 있었다. 지도교수가 이런 질문을 던졌다.
"만일 저 아래 바위를 때리고 있는 파도가 없으면 여러분도 살아남지 못한다는 사실을 아십니까?"
너무도 뜬금없는 질문이어서 우리는 지도교수가 농담을 하고 있는 줄 알았다. 그러나 그의 표정은 심각했다. 온갖 생화학적 용어가 동원된 복잡한 설명을 듣고 나서야 우리는 파도가 안 치면 모든 인간들이 꼼짝없이 죽을 수밖에 없다는 사실을 이해하게 되었다.
설명을 간단히 요약하자면 이렇다. 파도가 바위를 때리면 바위 속에 갇혀 있는 화학원소들이 깨어져 나와 바닷물에 녹는다. 바다 속에 천문학적 수치로 살고 있는 조류(藻類)들이 이 원소를 먹고 소화를 시키면 가스가 나오는데 이것이 하늘로 올라가 비구름을 형성하는 핵이 된다. 이 비구름은 바닷바람을 타고 육지로 이동하여 대지에 비를 뿌린다. 이 빗물을 받아 인간들은 온갖 농작물을 길러 먹는다. 그러나 비구름이 오랫동안 바다 위를 덮고 있으면 바다의 수온이 내려가 조류의 증가가 억제된다. 그리 되면 유출되는 가스가 줄어들어 하늘이 맑아진다. 하늘이 맑아지면 사람들은 해변으로 나와 일광욕을 즐긴다. 그러나 한동안 맑은 날씨가 계속되어 바다의 수온이 상승하면 조류의 개체수가 급격히 많아지고 그렇게 되면 유출되는 가스의 양도 많아지고 다시 구름이 낀다. 구름이 끼면 햇볕이 차단되어 기온이 다시 내려가…….

이렇듯 발밑에서 치고 있는 파도가 우리에게 빗물을 공급해줄 뿐만 아니라 기온을 조절하는 일에까지 관련되어 있다니, 얼마나 놀라운가! 물론 이 설명은 복잡하기 짝이 없는 지구과학의 한 측면만을 드러낸 것이지만, 우리 눈에 서로 아무런 관련이 없어 보이는 요소들이 실은 복잡하게 얽히어 우리네 삶에 직접 또는 간접적으로 영향을 끼치고 있다는 사실을 여실히 보여주고 있다.

우리가 사는 현대의 모습을 지배하는 산업주의가 실패한 것은, 모든 것이 서로 얽히어 하나로 되어 있다는 연기(緣起) 법칙을 무시한 데에 있다. 오직 나의 이익과 편리를 위해 상대방을 이용하기만 했던 문명은 이제 그 대가를 치르는 일만 남았다. 지금이라도 '네가 있음으로 내가 있다'는 사실을 깨닫고 뉘우친다면 치러야 할 대가가 조금은 줄어들지도 모르겠다. 그러나 그 대가마저도 인간의 '뛰어난' 지식과 기술로 극복할 수 있다고 믿는다면 어쩌면 인간은 지구상에 존재했던 가장 단명한 종으로 기록될지도 모른다.

산처럼 생각하기

산처럼 생각하기……. 멋진 말이다. 참으로 멋진 말이다. 그리고 정신이 번쩍 드는 말이다. 이런 쪽으로 전혀 생각해보지 않았던 사람들에게는 황당하게 들리는 말인지도 모르겠다. '뱀처럼 지혜롭다' 또는 '백합처럼 순결하다' 와 같은 말들은 대상 자체에서 쉽게 그 특징을 끄집어낼 수 있지만 산으로부터 '생각하다' 와 같이 고차원적인 능력을 끌어내는 것은 무리일 것이다.

지금까지 우리가 산을 빗대어 사용한 문학적 수사는 대체로 산으로부터 느껴지는 사람의 감정을 표현한 것이지 산이 진짜 스스로 그러한 능력을 행사한다고 보는 것은 아니었다. 예컨대 '산이 나를 포근히 안아주었다' 라고 할 때 그것은 산의 형태와 품성에서 사람이 그렇게 느낀 것이지 산이 정말로 의지를 가지고 나를 안아준 것은 아니다. 우리는 국어시간에 이러한 표현방식을 '의인법' 이라고 배웠다. 말 못 하는 무생물이 마치 사람처럼 행동하는 듯 그리는 것이다.

그러나 '산처럼 생각하기' 는 지금까지 써왔던 수사법과는 다른 구석이 있다. 단순한 의인법으로 넘기기에는 뭔가 깊은 뜻이 그 안에 숨

겨져 있는 것 같다. 그렇다. '산처럼 생각하기'에는 서양의 주류 인식론을 근본적으로 뒤엎어버리는 혁명적인 사유방식이 숨어 있다.

서양의 주류 인식론은 한마디로 이원론이라고 할 수 있다. 세상을 생각하는 주체인 '나'와 '나' 아닌 것으로 나누어놓고 '나' 아닌 것은 모두 내 생각의 대상에 지나지 않는 것으로 간주한다. 여기서 가장 중요한 것은 물론 생각의 주체인 '나'다. 내가 어떻게 생각하는가에 따라 세상의 모습이 달라진다. 따라서 이러한 사유방식은 '나'의 경험과 지식에 근거해서 이 세상을 규정해놓고 '나'의 이해관계에 따라 세상을 멋대로 조작하고 지배하려는 유혹에 쉽게 빠지는 경향이 있다.

17세기 이래 발전을 계속해온 과학은 '나'의 경험과 지식을 마치 절대적 진리인 양 착각하게 만들어 이러한 경향을 더욱 강화시키고 말았다. 과학의 발전은 신조차도 분석의 대상으로 끌어내리고 이 세상에 오직 분석하고 생각할 줄 아는 인간만을 지고지대의 존재로 만들어버린 것이다. 설사 생각할 줄 아는 다른 존재가 있다 하더라도 거기에 위계질서를 부여해서 하위자는 상위자를 위해 존재하는 것으로 간주했다. 백인과 유색인종, 인간과 동물, 생물과 무생물의 관계가 다 그러했다.

그러나 20세기로 들어와 '분리'와 '지배'를 당연한 것으로 여겼던 서양의 인식론을 근본적으로 뒤흔드는 사건이 먼저 과학계에서 일어나기 시작했다. 변하지 않는 진리로 여겨졌던 절대적 시공간과 뉴턴의 운동

법칙이 상대성이론과 양자역학의 등장으로 인해 '그렇지 않을 수도 있음'을 인정하게 되었고, 아원자 물리학의 발전은 아예 생물과 무생물의 차이를 모호하게 만들어버렸다. 거기에 그동안 서구 합리주의에 의해 억압받아왔던 영지주의 전통과 비서구 사회의 인식론 등이 발언하기 시작함으로써 이원론은 점점 그 입지가 축소되고 있다.

기존의 이원론에 의하면 인간에게 있어서 산이란 위안과 휴식 또는 생산의 장소일 뿐이지 그 자신이 사고의 주체가 될 수는 없다. 무생물인 산이 생각한다는 것은 있을 수 없는 일이다. 그런데 그 산을 빗대어 산처럼 생각하라니, 이원론에 따르면 이것은 문학적 비유 이상은 아니다.

과연 그럴까? 우리는 산에 들어갔다가 조난을 당하게 되면 대개 준비를 제대로 갖추지 않고 산에 올라간 사람 탓으로 돌리거나 피할 수 없는 자연재해 정도로 생각한다. 그러나 옛사람들은 산신령을 노하게 만들어서 그리 되었다고 생각했다. 산을 엄연한 사고의 주체로 인정하고 산에 오를 때는 '그분'의 비위를 거스르지 않으려고 몸가짐을 조신하게 굴었다. 여기에는 인간의 이성으로는 다 파악할 수 없는 산의 신비한 능력이나 지능을 존중하는 태도가 깃들어 있다. 이것은 옛사람들이 무지해서가 아니라 그렇게 하지 않으면 다친다는 것을 수없이 경험한 끝에 얻은 일종의 지혜이다.

'산처럼 생각하기(Thinking Like a Mountain)'란 말은 알도 레오폴드의 《모래군의 열두 달》이라는 책에 나온다. 알도 레오폴드는 헨리 데 이비드 소로와 함께 현대 미국 생태주의 사상에 가장 큰 영향을 끼친 인물이다. 이 책의 중간쯤에 '산처럼 생각하기'란 소제목이 붙은 장이 있는데 여기에서 그는 젊은 시절 산속에서 겪은 일화를 통해 깨우친 산의 '지능'에 관해 이야기하고 있다.

철모르던 시절 그 역시 총만 잡으면 사냥을 하고 싶어서 몸이 근질근질한 그렇고 그런 청년이었던 모양이다. 한번은 동료들과 사냥을 나가서 나이든 늑대 한 마리를 쏘아 넘어뜨렸는데 죽어가는 늑대의 눈에서 이글거리는 광채가 사라지는 것을 보고는 자신의 행위가 늑대나 산의 처지에서 보면 결코 정당하지 않다는 것을 깨우치게 된다.

처음엔 늑대를 잡아 없애면 사슴이 늘어나서 그만큼 산이 더 보기 좋고 안전해질 것이라고 생각했으나 그게 아니었다. 사슴이 늘어나면 풀과 나무를 마구 먹어치워 산이 헐벗게 되고 그렇게 되면 결국 다른 동물들도 살 수 없게 되리라는 것을 미처 생각하지 못했던 것이다. 산은 자신의 몸 안에 깃들여 사는 모든 생명 사이의 복잡미묘한 관계들을 잘 알고 있지만 얄팍한 지식에 기대어 함부로 날뛰는 인간만이 그것을 모르고 있다는 것이다.

이 문구는 제법 유명해서 미국 최대의 온라인 서점인 아마존에 들어가보면 같은 제목의 책이 두 권 나온다. 하나는 한글로도 번역된 로버트 베이트먼의 책이고 또 하나는 근본생태주의자들의 짧은 에세이들을 묶어낸 책이다. 로버트 베이트먼은 평생 동안 자연의 소중함과 아름다움을 글과 그림으로 대중에게 알려온 사람이다. 글도 쉽고 재미있지만 드라마틱한 구도 속에 자연의 한 장면을 그대로 옮겨놓은 그의 그림들은 거의 '명상'에 가깝다. 인터넷에 들어가면 그가 그린 환상적인 그림들을 만날 수 있다.

  또 하나의 책은 '모든 존재들의 평의회를 위해'라는 재미있는 부제를 달고 있는데, 책에 실린 에세이들은 말하자면 평의회를 위한 참고 자료인 셈이다. 열악한 조건에서나마 자족적으로 살아가는 제3세계 농민들이 보면 '뭘 저런 걸 가지고 회의까장 한다냐' 하며 혀를 찰지도 모르겠으나 기계문명에 중독된 서양인들에게는 자못 심각한 퍼포먼스가 아닐 수 없다.

밥 모심

급히 먹는 밥은 빨리 꺼진다. 그냥 빨리 꺼지기만 하면 좋겠는데 탈까지 나니 문제다. 빨리 먹는 밥은 빈속을 채우는 목적 외에는 아무것도 아니다. 그것은 마치 연료가 떨어진 기계에 연료를 채워 넣는 행위와 같다.

인간이나 기계나 똑같다고 생각하는 사람이 아니라면 밥 먹는 문제를 근본부터 다시 생각해볼 일이다. 세상 어느 것 하나 창조주의 손길이 닿지 않은 것이 없지만 우리 몸의 에너지원인 밥이야말로 사람에 버금가는 창조주의 걸작품이다. 당신의 모상대로 만들어진 사람의 생명과 의식을 유지하기 위해 만든 것이니 그만한 공력을 들였으리라고 생각해야 할 것이다.

그런데 밥이 우리 몸에 들어가 사람이 되는 것은 틀림없지만 아무렇게나 먹는다고 다 사람이 되는 것은 아니다. 일반적으로 볼 때 아무렇게나 밥을 먹는 사람은 아무렇게나 행동하는 경향이 있다. 같은 밥이지만 어떻게 먹느냐에 따라 그 밥은 독이 되기도 하고 약이 되기도 하는 것이다.

밥이 약이 되기 위해서는 밥 속에 든 하느님을 발견해야 한다. 밥 속에서 하느님을 발견한다는 것이 어떻게 보면 황당하게 들릴지도 모르겠지만 이치를 알면 그리 어려운 일도 아니다.

하느님을 만나기 위해서는 먼저 '믿음'이 선행되어야 한다. 그런 다음 지속적인 실천을 통해 그 '믿음'을 증거해야 한다. 누구든지 이를 열심히 행하다 보면 믿음과 실천의 어디에선가 하느님을 만나게 된다. 성서의 모든 구절이 이를 증명하고 있다. 여기에서 믿음은 '밥 속에 하느님이 계시다' 혹은 '밥이 하느님이다' 라는 사실을 믿는 것이다. 그냥 믿어도 좋고, 모든 이치를 따져본 후에 믿어도 좋다.

실천은 '씹는 행위'를 말한다. 씹되 그냥 씹는 것이 아니라 지극정성으로, 온 존재로 씹어야 한다. 설렁설렁 씹어서야 그 안에 계신 하느님이 쉽게 나올 리가 없다. 한약재를 만들 때 아홉 번 찌고 아홉 번을 말린다는 말이 있지 않은가. 그래야 그 안에 든 엑기스가 나오기 때문이다. 마찬가지로 밥 속에 든 하느님을 만나기 위해서는 씹고 또 씹는 수밖에 없다.

이렇게 씹을수록 많이 나오는 것이 있다. 침이다. 신앙적으로 말하자면 침은 하느님과 우리를 이어주는 성령과 같은 존재이다. 침을 통해 입 속에 든 음식물은 우리와 하나가 된다. 나와 침과 음식물이 온전히 하나가 되었을 때 우리는 희열을 느끼고 바로 그 자리에 하느님이 계심을 알게 된다. 세속적으로는 이것을 '맛'이라고 부르며, 신앙적으로는 '은총'이라고 말한다.

　이렇게 씹고 또 씹는데 씹을 일이라곤 전혀 없는 백미를 먹어서야 되겠는가! 알짜배기를 다 걷어낸 백미를 씹어서는 결코 하느님을 만날 수 없다. 백미는 사람이 만든 것이지 하느님이 만든 것이 아니다. 하느님을 만나려면 온전한 알곡을 먹어야 한다.

　맛과 향이 다른 십여 가지 알곡을 꼬들꼬들하게 지어 한 숟갈 입에 넣고 묵주 돌리듯 쉼 없이 느긋하게 씹다 보면 어느 순간엔가 밥을 지으신 '그분'을 만나게 된다.

똥 모심

예전에 시골에서는 남의 집에 놀러 가서 얘기를 나누다가도 똥이 마려우면 슬쩍 빠져나와 자기 집에 가서 일을 보고 왔다고 한다. 그만큼 똥의 자원가치가 컸다는 얘기다. 화학비료가 없던 시절에 가장 손쉽게 구할 수 있는 고농도 비료가 바로 똥이었던 것이다.

많은 사람들이 똥은 그저 영양분이 다 빠져버린 폐기물 정도로 알고 있지만 사실을 알고 보면 고개가 갸우뚱해진다. 우리가 음식물을 먹으면 몸속에서 겨우 30퍼센트만 흡수되고 나머지는 모두 똥으로 나온단다. 동네 개들이 사람 똥을 먹는 게 다 이유가 있었던 것이다. 그런데 어째서 하느님은 우리 몸을 이렇게 낭비적으로 만들었을까? 이왕이면 먹는 족족 100퍼센트 소화되게끔 만들어놓으시지 않고. 그러나 만일 그랬다면 인류는 아마도 오래전에 비만으로 멸종하고 말았을 것이다.

우리 선조들은 우연한 기회에 하느님께서 인간을 그렇게 낭비적으로 만든 이유를 알아내었던 것 같다. 자신의 똥을 자연으로 돌려보내 그 힘으로 작물을 키워 생명을 유지하라는 분부였던 것이다. 다시 말해 음식물의 일부만 섭취하고 나머지는 다른 생명체들이 섭취함으로써 서로 의지하며 살게 만든 것이다. 음식물―똥―작물―음식물로 이어지는 생명의 순환을 통해 인류는 지금까지 번성할 수 있었다.

그러나 산업혁명 이후 똥과 작물 사이의 고리가 끊어지면서 생태계의 순환구조에 빨간불이 켜지고 급기야는 인류문명의 지속가능성이 의문시되는 상황에 이르렀다. 쓸모없이 버려진 똥은 환경을 오염시키고 똥 대신 뿌려진 화학비료는 우리의 건강과 생태계를 마비시켰다. 지구 생태계는 수많은 생명의 고리들이 복잡하게 얽혀 있는데 그중에 어느 하나라도 끊어지면 그 영향이 일파만파로 멀리 퍼져간다. 특히 인간과 관련된 고리가 그렇다. 자연에 대한 인간의 지배력이 너무도 크기 때문이다.

하느님께서는 똥을 자원으로만 쓰도록 단순하게 설계하지 않으셨다. 똥은 우리 몸의 건강상태를 측정하는 바로미터의 역할을 한다. 밥을 잘 모시고 자연의 리듬에 맞게 하루를 잘 보내면 색깔이 아름답고 냄새도 구수한 똥이 나온다. 그러나 아무렇게나 밥을 먹고(특히 과식할 경우) 제멋대로 하루를 보낸 뒤 똥을 누면 냄새에서 색깔, 모양, 용쓰는 것까지 모두 엉망이다.

건강한 사람은 기분 좋게 똥을 누고, 기분 좋게 나온 똥은 그 좋은 기분을 작물에 전달하여 건강한 먹거리로 자라게 한다. 반대로 찜찜하게 똥을 누고 하루를 시작하면 일도 제대로 되지 않을뿐더러 만나는 사람마다 신경질을 부리게 된다. 게다가 잘못 눈 똥이 작물에게도 좋을 리가 없다. 똥 한번 잘못 누고 세상을 온통 지저분한 냄새로 오염시키는 장본인이 되고 만다. 생명의 악순환이다.

그러하니 자신의 건강뿐 아니라 사회와 인류문명의 운명에까지 영향을 미치는 똥을 잘 모시는 것이 어찌 작은 일이겠는가. 예수께서는 세상에서 가장 비천하고 약한 자들을 소중한 친구로 여김으로써 구원의 실마리를 풀어나가셨다. 마찬가지로 우리 몸에서 가장 더럽다고 여기는 것을 소중히 모시는 일을 '거듭남'의 시작으로 삼으면 어떨까?

군화와 고무신의 차이

흔히들 군대 안에서의 폭력을 나타내는 말로 '군홧발로 조인트 깐다'라는 표현이 있다. 두툼한 신발 밑창이 밖으로 툭 튀어나온 군홧발로 날이 선 촛대뼈를 사정없이 후려친다는 것인데 생각만 해도 오금이 저린다. 군화란 원래 전쟁을 목적으로 만들어진 신발이다. 거친 전쟁터에서 발을 보호하기 위해 만든 것이지만 워낙에 튼튼하고 견고하다 보니 함부로 휘두르는 발이 때로는 무기로 둔갑하기도 한다.

이 군화를 신고 산속 농장에 오를 일이 생겼다. 사실 산에 오르는 데 있어서 견고한 것으로 치자면 군화나 일반 등산화나 별 차이가 없다. 다만 군화 쪽이 좀 더 중무장한 느낌이 들 뿐이다. 잘 닦여진 일반 등산로를 벗어나 키 작은 수목과 돌들이 가득한 계곡으로 들어섰다. 나는 군화의 견고함을 믿고 거침없이 휘젓고 나아간다. 발밑에서 어린 나무줄기와 풀들이 비명을 질러댄다. 키가 큰 갈대숲도 울퉁불퉁 돌밭도 문제가 되지 않는다. 우지끈 뚝딱 마구 밟고 지나간다. 요란하게 들리는 파쇄음(破碎音)에 자못 우쭐한 기분이 들기도 한다. "천하무적!" "내 앞을 가로막는 자는 모두 이렇게 밟아주리라!" "고지가 바로 저긴

데!" 입에서 이런 말들이 저절로 흘러나왔다.

　며칠 뒤 나는 고무신을 신고 같은 곳을 찾아가게 되었다. 일부러 그리 한 것이 아니라 고무신을 신고 근처로 나들이를 나왔다가 내처 그곳까지 가게 된 것이다. 얇은 고무 밑창을 통해 전해지는 땅의 굴곡과 작은 돌들의 속삭임이 정겹게 느껴졌다. 그러다가 무심코 제법 큰 돌의 모서리를 밟은 모양이다. 아팠다. 어쩔 수 없이 딛고 다니기 쉬운 길을 골라 갈 수밖에 없었다.

　그러다 보니 군화를 신고 갈 때보다 더 세심하게 주위를 살피게 되었고 발놀림도 조심스러워졌다. 장시간 산행이 곤란해지니 개울을 만나면 물가에 발을 담그고 앉아 쉬게 되고, 너럭바위를 만나면 바위에 걸터앉아 쉬게 되므로 자연히 동행한 사람과 많은 이야기를 하게 된다. 고무신을 신고 확실히 알게 된 것은 자연 앞에서 겸손하지 않으면 다친다는 것, 그리고 겸손한 만큼 자연을 더 잘 알게 된다는 것이었다.

　산 밑으로 내려오니 무서운 속도로 달리는 자동차들과 도로를 낸다고 산을 마구 허물고 있는 중장비들이 보인다. 지금 우리는 자연의 숨결을 느낄 수 없을 정도로 지나치게 중무장을 하고 살고 있다는 생각에 가슴이 답답해진다. 마치 군홧발은 거침없이 앞으로 잘 가고 있지만 그 속에 있는 발은 땀에 전 채 무감각하게 뒤따라가는 꼴이다. 결국 햇빛 한 번 보지 못한 창백한 발은 무좀을 비롯한 각종 질병에 시달리게 되고 언젠가는 목발 신세까지 지게 될지도 모를 일이다.

반면에 고무신은 비록 빨리 가지는 못하지만 주위의 모든 기운을 온몸으로 느낄 수 있으니 걷는 것 자체를 즐길 수 있다. 군화가 폭력을 정당화하고 오로지 목표를 향해 돌진하는 특성을 가졌다면 고무신은 조화를 추구하고 과정을 중시하는 특성을 가졌다.

이런 관점에서 볼 때 우리 사회는 지난 50년 동안 군화를 신고 정신없이 달려왔다고 할 수 있다. 또 실제로도 군화를 신은 사람들이 그 기간의 대부분을 지배했었다. 안타깝게도 민간인 정부가 들어선 지 십여 년이 지났건만 우리 사회는 아직도 군화를 벗어버릴 분위기가 아니다.

오로지 달성해야 할 목표와 그 목표를 달성하기 위한 첨단 장비들만이 우리의 관심이다. 그로 인해 파괴되는 자연과 주변의 인간관계는 다 부차적인 문제가 되어버렸다. 목표를 달성해서 돈을 많이 벌면 그 돈을 가지고 파괴된 자연과 인간관계를 복구할 수 있다고 믿는 것일까? 그러나 우리가 살아가면서 진정 행복이라고 느끼는 것들의 대부분은 돈으로 살 수 없거나 복구할 수 없는 것들이다.

한가한 날 집 근처로 산보를 나가거나 근교의 시골집을 방문하게 되면 고무신을 한번 신어보자. 확실히 다른 느낌을 갖게 될 것이다.

직선은 곡선을 이길 수 없다

자연 속에 직선은 없다. 있다 해도 그것은 곡선의 일부이거나 일시적인 것에 지나지 않는다. 자연에 직선이 없는 이유는 지구가 둥글기 때문이다. 지구라는 행성 위에 오직 인간만이 직선을 만들어내고 직선을 좋아한다. 이것은 크게 잘못된 일이다.

개체는 전체를 닮게 마련이다. 만약 지구가 평평한 판 모양으로 생겼다면 그 안은 온통 직선으로 가득 차 있을 것이다. 그래야 안정감이 있으니까. 그러나 지구는 둥글다. 큰 동그라미 안에 작은 동그라미가 있고 그 안에 또 동그라미가 있다. 이것들이 깨지고 터지고 눌리고 서로 붙고 늘어나 다양한 곡선을 만들어낸다.

지구가 만들어낸 가장 아름다운 곡선 가운데 하나가 인간이다. 균형 잡힌 몸매의 유려한 곡선은 시대를 초월하여 예술가들의 찬미의 대상이었다. 서로를 아껴주고 감싸는 영혼의 아름다움 역시 곡선에 가깝다. 사랑을 뜻하는 하트 모양을 보더라도 인간은 곡선 안에서 휴식을 느낀다는 것을 알 수 있다. 나지막한 돌담으로 둘러싸인 구불구불한 시골길을 따라 걷노라면 자신도 모르게 마음이 평온해진다. 곡선이 주는 치유의 효과이다.

그런데 언제부터인가 사람들은 직선을, 그것도 대량으로 만들어내기 시작했다. 산을 깎고 숲을 파헤쳐 일직선으로 뻗은 도로를 만들고 논밭을 밀어 그 위에 콘크리트 직각기둥을 무수히 꽂아놓았다. 들쭉날쭉한 해안선을 싹둑 자르고 갯벌을 메워 항만과 부두를 만들었다. 물론 이 모든 것들이 필요에 의해 만들어진 것이라고 하지만 어느덧 사람들이 모여 사는 곳은 직선으로 도배질되었다.

그에 따라 직선을 닮아버린 사람의 마음은 서로를 찌르고 밀쳐내며 오로지 키재기에만 몰두한다. 지고는 못 배기는 직선의 마음은 도시의 확대로 이어지고 확대된 도시들을 직선으로 연결하면서 자연의 파괴는 걷잡을 수 없게 되고 만다. 천성산 관통도로공사와 새만금 매립공사는 지금 이 순간 지구 곳곳에서 무수히 벌어지고 있는 '직선의 반란' 가운데 하나일 뿐이다.

그렇다. '반란'이라고 했다. 둥그런 행성 위에 직선을 그렇게 마구잡이로 쌓고 만드는 행위는 자연의 질서에 대한 반란이다. 그러므로 목숨을 걸고 천성의 곡선을 지키고자 하는 지율 스님을 매도하는 사람들은 누가 진정 '반란자'인지 잘 생각해보길 바란다. 이 행성은 더 이상 직선을 받아들일 능력이 없다. 수많은 과학자와 예언가들의 지적을 애써 외면하지 말라. 이 상태로 직선화를 계속하게 되면 머지않은 미래에 돌이킬 수 없는 자연의 대반격을 당하게 될 것이다.

이제부터라도 우리는 '곡선회복운동'을 벌여야 한다. 도시의 구석구석에 곡선을 되살리고 너와 나 사이에 일직선으로 뻗은 도로를 슬쩍 틀어놓고 그 사이에 꽃도 심고 나무도 심어야 한다. 그렇게 되면 설령 이쪽에서 화가 났다 하더라도 굽은 길을 지나 저쪽으로 가는 동안에 어느덧 기분이 풀어지게 마련이다. 특히 직선적인 명령에 시달리는 조직체일수록 주위에 곡선을 많이 만들어야 한다. 일의 능률이 훨씬 더 올라갈 것이 분명하다.

지난 시절의 구부러진 도로를 무조건 직선으로 고칠 게 아니라 그 곡선 속에 담겨 있는 사람들의 애환과 정서를 더욱 풍부하게 만드는 데 관심을 기울여야 한다. 그것이 생명의 문화이고 사람들이 행복해질 수 있는 길일 것이다. 지금까지 너무도 많은 우리의 전통과 역사, 그리고 생명들이 무지한 반란자들의 직선화의 욕심 아래 허무하게 사라져 갔다. 직선은 그것을 만드는 자들에게 쾌감과 이익을 가져다줄지 모르겠으나 곡선에 몸 붙여 살던 뭇 생명들에게는 재앙을 가져올 뿐이다.

직선 속에서 획일적인 교육을 받은 젊은 세대들이 아직도 귀족들의 작위가 존경받고 있는 영국에 가서 좁아터진 골목길과 울퉁불퉁한 도로, 검소한 집안 살림 따위를 보고 콧방귀를 뀌는 것은 한심한 일이 아닐 수 없다. 세계를 이끌어가는 첨단 영국의 저력이 그 안에 감추어진 곡선에서 나온다는 것을 몰라도 한참 모르는 짓이다. 이제 우리는 스페인의 천재 건축가 가우디의 곡선정신과 조선의 천재화가 단원 김홍

도의 해학적 곡선을 어떻게 이 시대의 도시와 마을에 살려낼 것인지를 진지하게 고민해보아야 한다.

콜카타에서 만난 희망의 속삭임

인도로 가는 길은 멀고도 험했다. 겨우 마련한 비행기표는 방콕 경유 콜카타(Kolkata)행. 한밤중에 방콕에 도착해 터미널을 빠져나오니 뜨거운 열기와 함께 매캐한 냄새가 코를 찌른다. 배기가스 냄새다. 공항이 이 정도면 시내의 상황은 물어보나 마나이다. 요란한 엔진 소리를 내는 택시를 잡아타고 예약한 호텔로 가면서 '오염의 도시' 방콕에 온 것을 실감한다.

다음날 공항에 가기 위해 하우람퐁 중앙역으로 갔다. 역이 시내 중심가에 있어 10분만 역 앞에 서 있어도 숨이 막히고 가슴이 울렁거렸다. 열차에 올라타서 무심코 건너편 선로 사이의 좁은 수로를 바라보니 고인 물 표면이 햇빛을 반사해 마치 거울처럼 반짝인다. 그런데 그 표면이 들쭉날쭉하는 것이 몹시 번거롭다. 처음엔 고인 물에 흔히 서식하는 모기 애벌레들의 장난이거니 했다.

내가 탄 열차의 바로 아래 수로에도 분주하게 움직이는 생물체가 있어 한참 들여다보았다. 작은 물고기들이었다! 기차에서 흘러나온 검은 기름으로 번지르르하고 승객들이 버린 쓰레기로 양옆이 모두 막혀 있는 한 뼘도 안 되는 고인 물에 물고기가 살고 있었던 것이다. 이런 곳에 물고기라니! 놀란 마음이 채 가라앉기도 전에 시커먼 물체가 출발을 서두르는 기차 위로 쑥 올라온다. 두꺼비였다!

방콕의 풍경을 뒤로하고 콜카타에 내렸다. 콜카타. 어느 시인은 아름다운 풍경을 앞에 두고 그것을 필설로 표현할 수 없음을 한탄했다는데 나에게는 콜카타의 참상이 그러했다. 눈이 따가울 정도의 대기오염 속에 폐차 직전의 수많은 차량들과 남루한 옷차림의 인파와 온갖 동물들이 뒤범벅되어 하나의 '커다란 혼돈'을 이루고 있었다.

콜카타의 명물이 된 '마더 테레사의 집'을 찾았다. 가는 길목마다 참상의 연속이었다. 어느 길목의 폐허가 된 집터에서였다. 아마도 쓰레기 집하장인 듯싶은데 아이들이 작대기를 들고 여기저기 널린 쓰레기 더미를 헤치고 있었다. 대여섯 마리의 검은 소와 수십 마리의 까마귀 떼도 한데 어울려 쓰레기 사냥에 여념이 없었다.

그 쓰레기장 바로 옆에 부서진 벽돌을 얼기설기 쌓아놓고 한 사내가 열심히 땀을 흘리고 있었다. 가까이 가서 보니 다 떨어진 널빤지 위에서 숯불로 달군 다리미로 옷을 다리고 있었다. 저런 장소에서 다림질이라니……. 그는 제 옷이 아니라 돈을 받고 남의 옷을 다리고 있었던 것이다.

마더 테레사의 집. 이곳은 죽어가는 사람을 돌보는 '임종의 집'이 아

산처럼 생각하기 55

니라 버려진 아이들을 맡아 키우는 유아원이다. 콜카타의 일반 거주지와 비교하면 아주 번듯한 콘크리트 건물 안에 2백여 명의 버려진 아이들이 보모들의 보살핌 속에 무럭무럭 자라고 있었다. 길거리에서 쓰레기통을 뒤지고 다니는 아이들과 비교하면 분명 행운아들이다.

한쪽 건물엔 정상아가, 다른 한쪽엔 정신지체아들이 수용돼 있었다. 정박아실로 갔다. 두 팔이 없어 발로 건반을 두드리고 있는 아이, 끝없이 같은 말만 중얼거리고 있는 아이, 사지가 굳어버린 채 멍하니 허공만 바라보고 있는 아이……

한 아이가 뭐라고 악을 쓰며 창밖을 손으로 가리킨다. 가로수 사이로 내려다보니 길거리에서 먹고 자는 한 가족이 거적때기 위에서 어린아이를 어르고 있었다. 풍찬노숙일지라도 부모의 품이 천국이라는 것을 알고 악을 쓰는 것일까? 눈을 들어 다시 가로수를 바라보았다. 오염물질을 잔뜩 뒤집어쓴 시꺼먼 이파리들 사이로 연녹색 싹이 희끗희끗 올라오고 있었다.

한순간의 실수로 새어나온 유독가스 때문에 수많은 인명과 가축이 몰살당하는가 하면 더운 여름날 저수지의 수온이 몇 도 올라갔다고 하여 물고기들이 허옇게 죽어 떠오르기도 하는데, 여기 방콕과 콜카타의 오염된 길거리에 몸붙여 사는 생명들은 경이 그 자체라 하지 않을 수 없다. 과연 생명의 끈질김은 어디까지인가!

어떤 생명이 더 소중한가

수경 스님이 쓰러졌다. 전라북도 부안 갯벌에서 문규현 신부님과 함께 출발하여 세 걸음마다 땅바닥에 엎드려 절하는 삼보일배 고행을 시작한 지 55일 만이다. 무릎연골에 물이 고이는 증상이 있었음에도 매일 주사기로 물을 빼가며 강행군을 하다가 기어코 의식을 잃고 쓰러져서는 병원으로 실려가고 만 것이다.

쓰러졌을 때 스님의 뇌리를 스친 것은 무엇이었을까? 함께 고락을 같이했던 동료들의 모습이었을까? 아니면 이러한 반대에도 불구하고 공사를 강행하려는 정부 당국의 관료들이었을까? 모르긴 몰라도 아직 새만금 갯벌에서 천진난만하게 기어다니는 고동 한 쌍이 아니었을까?

분명 그랬을 것이다. 주위의 만류를 무릅쓰고 이 고행을 자처하신 두 분의 마음속엔 미구에 닥쳐올 위험일랑은 꿈에도 모른 채 갯벌 위를 어슬렁 기어다니고 있는 고동 한 쌍을 위해서 죽을 수도 있다는 대자비심이 물결치고 있었을 것이다.

얼마 전 이라크에 전쟁이 임박했을 때 세계 곳곳에서 맨몸으로라도 전쟁을 막아보겠다며 바그다드에 도착한 사람들이 있었다. 이른바 인간방패다. 이들은 주로 폭격 가능성이 높은 시설물에 배치되어, 만약 미군이 이런 사실을 알고도 폭격을 감행한다면 기꺼이 죽어주겠노라고 선언하였다. 얼굴도 이름도 모르는 이웃을 위하여 자신의 목숨을 내어놓겠다는 것이다. 편안한 소파에 앉아서 TV를 보던 나는 감정을 주체하지 못하고 펑펑 눈물을 쏟아내었다. 그것은 그들처럼 행동하지 못하는 자신의 나약함을 부끄러워하는 눈물이기도 했지만 이러한 상황을 만들어내는 인간들의 비정함에 절망하여 흘리는 눈물이기도 했다.

이웃을 위해 자신의 목숨을 내놓는다는 것은 아무리 이웃사랑을 외쳐온 사람일지라도 함부로 흉내낼 수 있는 일은 아니다. 그것은 어쩌면 존재가 다다를 수 있는 최고의 행동이 아닐까? 나는 사람이 아니라 존재라고 했다. 왜냐하면 이러한 행위는 사람들뿐 아니라 다른 생물들 사이에서도 행해지고 있기 때문이다.

자연계 안에서 자기희생은 대체로 같은 종 내부에서 일어나지만 유독 인간만은 예외라고 생각하는 것 같다. 스스로 만물의 영장이라고 생각하는 인간은 다른 모든 생물종들이 인간을 위해서 희생하는 것이 당연하다고 여긴다. 이것이 과연 옳은 태도일까? 다른 모든 생물종들을 멸절시켜서라도 지켜야 할 만큼 인간의 생명은 그렇게 값어치 있는 것일까? 사실 신문지상에 나도는 인간들의 행위는, 많은 경우 '벌레만도 못하다' 할 정도로 구질구질하다. 벌레들의 세상에도 그러한 파렴

치함이 있는지 모르겠지만 지금까지 인간들이 같은 인간에게는 물론이고 다른 생물종들에게 저지른 행위를 보면 그보다 더한 말을 해도 심하지 않을 것이다.

한번 생각해보자. 만일 다른 생물종들이 없다면 인간의 존엄성이란 것을 어디에서 찾겠는가를. 존엄성은 고사하고 생존 자체가 불가능하다는 것을 쉽게 알아차릴 수 있을 것이다. 인간뿐 아니라 모든 존재는 서로 의지하여 이 세상에 발붙이고 사는 것이다. '나는 생각한다, 고로 존재한다'가 아니라 '네가 있기 때문에 내가 있다'이다.

따라서 우리의 이웃은 인간을 넘어서 모든 존재에게로 확대되어야 한다. 뻘 위를 기어다니는 한 쌍의 고동을 위하여 내 목숨을 내놓을 수 있음은 결코 과격한 환경론자의 고집일 수 없다. 그것은 그동안 인간이 생태계에 저지른 씻을 수 없는 죄업에 대한 참회의 몸짓이요 모든 존재의 평화와 화합을 기원하는 간절한 기도이기도 하다.

사람끼리만 행복할 수 있을까

차를 타고 가다가 끝없이 늘어서 있는 거대한 아파트 단지를 보면 숨이 탁 막힌다. 마치 도미노 놀이를 하려고 세워놓은 막대기들 같다. 이쪽 끝에서 톡 건드리면 저쪽 끝까지 연달아 넘어가지 않을까 하는 별로 즐겁지 않은 상상을 해본다.

사람들이 도시와 근교의 아파트 단지에 몰려 살면서 자기도 모르게 착각하고 있는 것이 있다. "이렇게 살아야 안전하고 편리하지. 행복이 따로 있겠어? 안전하고 편리하면 됐지." 안전과 편리가 행복의 한 요소임은 틀림없지만 그로 인해 더 근원적인 행복으로 나갈 수 있는 길이 있음을 잊고들 살고 있다.

그것은 다름 아닌 자연의 결여이다. 차 타고 직장에 나갔다가 다시 차 타고 아파트로 돌아와 가족들과 TV를 보는 하루 일과 속에 자연이 끼어들 여지는 어디에도 없다. 도시에 사는 현대인들이 자연을 접할 수 있는 시간이란 저녁식사 시간에 이리저리 채널을 돌리다가 마주치는 자연 다큐멘터리 정도가 전부라 해도 과언이 아니다. 만약 그것도 자연으로 쳐준다면 말이다.

아파트는 그렇다 치고 단독주택이 빼곡히 들어선 지역은 어떤가? 집과 집 사이의 길은 풀 한 포기 자랄 수 없도록 시멘트로 완전히 포장해버리고 그나마 남아 있던 동네 텃밭마저 '공글리' 쳐서는 주차장으로 만들어버린 지 오래이다.

이렇게 자연은 도시공간에서 철저히 사라졌다. 대신 자연은 국립공원이나 식물원 또는 관광농원 등으로 울타리에 갇혀서는 돈을 내야만 접근할 수 있는 공간이 되어버렸다. 돈을 내야만 접근할 수 있는 자연은 순수한 의미에서 이미 자연이 아니다. 돈을 받아내기 위해 상당한 정도의 인위적 손길이 가해졌고 그로 인해 교환가치를 지닌 상품이 되어버렸기 때문이다. 모든 존재들의 모태인 자연을 상품화하면 할수록 자연은 물론 인간 사회 역시 불행해질 뿐이다.

대한민국의 도시 어디에서나 볼 수 있는 이런 장면을 상상해보자. 예컨대 비만 오면 질척거리는 좁은 골목길을 시멘트로 말끔히 포장했다고 하자. 사람들은 이제야 동네가 쾌적해졌다고 좋아하지만 이내 그 길은 자동차들이 점령하고 만다. 전에는 골목 어귀에 의자를 들고 나와 한담도 나누고 아이들이 공기놀이도 하는 놀이터였으나 지금은 언제 교통사고가 날지 모르는 죽임의 공간이 되어버렸다.

땅을 덮어버린 시멘트는 자연을 파괴하여 얻은 독성물질이고, 그 위를 달리는 자동차는 하루에도 수백 명씩 사람을 죽이는 살인흉기나 다름없다. 게다가 그 자동차가 내뿜는 매연가스는 온 동네사람들의 폐를 갉아

먹고 있다. 죽임의 문화에 넋이 나간 사람들이 너도 나도 자동차를 사들이자 이제 골목길은 사람들의 정담 대신 주차 문제로 고성과 욕이 난무하는 싸움터가 된다. 안전과 편리를 위해 자연을 멀리 쫓아낸 결과가 오히려 사람과 사람 사이를 더 멀게 하고 생명을 위협하게 된 것이다.

그런데 언제부터인가 세계적으로 자원고갈 현상이 심화되면서 기름 값과 시멘트 값이 치솟게 되자 사람들은 자동차를 팔아버리고 너덜너덜해진 시멘트 포장을 걷어내게 되었다. 다시 땅이 드러난 것이다. 봄이 되자 골목길 여기저기에서 이름 모를 풀과 꽃이 고개를 내민다. 사람들이 다시 의자를 들고 나와 처음 보는 야생초를 가운데 놓고 이게 옳으니 저게 옳으니 하며 말싸움을 한다. 주차 문제를 놓고 벌인 싸움이 악에 받친 싸움이라면 야생초를 놓고 벌인 싸움은 정에 겨운 싸움이다. 전자는 죽임의 싸움이고 후자는 살림의 싸움이다. 아이들도 다시 나와 종류별로 풀을 꺾어놓고 소꿉놀이를 한다. 자연이 회복된 골목길은 동네의 공동체성이 되살아났다는 징표이면서 그곳을 오가는 사람들에게 삶의 기운을 북돋아주는 장소이다.

인간들만으로는 행복해질 수 없다. 아무것도 없는 공간에 사람들만 모아놓으면 남을 지배하는 죽임의 논리가 만들어진다. 거기서는 탁월한 논리를 가진 자가 지배권을 행사하게 되는데 그렇게 되면 적어도 겉으로는 평온을 유지할 수 있다. 그러나 그것은 마치 땅을 덮어씌운 시멘트 포장과도 같아 그 아래에서 사람들은 끊임없이 상대방을 능가하는 죽임의 논리를 만들어내려 애를 쓴다. 논리는 더 우세하고 세련된 논리에게 자리를 내주게 되어 있음을 잘 알고 있기 때문이다. 논리에 의존하는 한 지배와 피지배, 살육과 약탈은 피할 수 없다.

그러나 사람과 사람 사이에 논리가 아니라 자연을 슬쩍 끼워놓으면 이야기가 달라진다. 가령 설전을 벌이고 있는 두 사람 사이에 수줍게 피어난 꽃 한 송이를 들고 끼어들어가 윙크를 한번 해보라. 무언가 달라질 것이다. 영국이나 프랑스에서는 사람들이 애완견을 매개로 다정한 이웃관계로 발전하는 경우가 다반사이다. 논리로 무장된 인간들끼리 만나서는 어림도 없는 일이다.

너와 나 사이에 자연이 있음으로 해서 우리의 갈등은 조정될 여지가 생기고 또 자연으로부터 새로운 기운을 얻는다. 집집마다, 동네마다, 지역마다 자연을 풍성하게 가꾸고 보존해야 할 것이다. 원래 흙으로부터 나온 인간이기에 행복 또한 흙으로부터 나오는 것은 당연하지 않겠는가.

생명의 다양성이 우리를 살린다

나는 세상의 모든 독재자들은 반생태적이라고 생각한다. 왜냐하면 그들은 다양성을 전혀 인정하지 않기 때문이다. 1960~70년대에 '영명하신 우리의 독재자'는 전국의 논에 자라고 있던 여러 가지 재래종 벼를 싹 거두고 수확량이 많다고 알려진 한 가지 품종만 심도록 했다. 또한 산에 자생하고 있던 '잡목'들을 제거하고 경제가치가 있는 한 종류의 나무만 심도록 했다.

학교에서는 아이들에게 똑같은 교복을 입혀놓고 조금이라도 다른 행동을 하는 학생은 가차 없이 처벌했다. 대학생이라고 예외가 아니었다. 민주주의 또는 그와 비슷한 말만 해도 감옥으로 보냈다. 사실상 이 시기에 우리의 독재자가 현재의 대한민국의 모습을 결정지었다고 해도 과언이 아니다.

그 이후로 몇 명의 지도자들이 권좌에 앉았지만 이전의 독재자가 만들어놓은 틀에서 크게 벗어남 없이 시대적 변화에 따라 약간의 다양성을 인정하는 제도적 보완을 했을 따름이다. 그렇게 반세기 동안 다양성을 억압한 결과 우리의 자연과 사회는 지극히 반생태적인 모습을 하고 우리 앞에서 몸살을 앓고 있다.

이러한 일련의 과정은 비단 대한민국에 국한된 것이 아니다. 미국을 중심으로 하는 서구 제국들은 지구 전체를 놓고 똑같은 일을 벌였다. 한국은 다만 미국이 하는 양을 그대로 흉내내었을 뿐이다. 유전자를 조작한 값싼 농산물을 들여와 토착 농산물의 명맥을 끊어버리고, 첨단 공법의 새로운 공장을 들여와 토착 산업들을 모두 문 닫게 만들었다.

우리는 그것을 재빨리 배워 어느덧 '작은 제국주의 국가'로서의 위상을 갖는 데까지 나아갔다. 이러한 결과를 놓고 부국강병의 애국주의에 눈이 먼 국민들은 우리의 독재자를 영웅으로 치켜세우고 갈 때까지 가보자고 결의가 대단하다.

그러나 어쩌랴. 지구는 이미 회복할 수 없는 중병에 걸려버린 것을! 사회는 빈부격차로 인한 분열로 봉합이 불가능한 지경이며, 이웃은 가까이하기에는 너무 먼 존재가 되어버렸으니! 이 모두가 다양성을 잃어버린 데서 비롯되었다고 말하면 터무니없는 갈일까?

생태학은 '다양한' 생물들 사이의 '관계'를 연구하는 학문이다. 그러므로 다양하다는 것은 생태계의 기본 조건이나 다름없다. 생태계는 그 안에 살고 있는 생물의 종류가 다양할수록 안정성이 보장된다. 다양한 생물종들이 복잡하게 얽혀 있어야 웬만한 외부충격에도 끄떡 않고 생태적 균형을 유지할 수 있기 때문이다.

반대로 생물종다양성이 빈약한 상태에서 그중에 하나가 전염병에 걸려 전멸하기라도 하면 그 생물종을 고리로 하는 먹이사슬이 끊어져 결국 생태계 전체가 위험에 빠지게 된다. 개체 생물의 처지에서 보더라도 변화하는 외부환경에 따라 자꾸 변종을 만들어내는 생물종이 끈질기게 살아남을 수 있다. 박테리아가 대표적인 경우이다. 인간은 이들을 박멸하려고 수없이 많은 약품을 만들었지만 박테리아는 그보다 더 많은 변종을 만들어냄으로써 오늘날까지 꿋꿋하게 그 존재를 과시하고 있는 것이다.

박테리아의 변신을 가장 잘 흉내내고 있는 부류가 현대의 첨단 전자 산업이다. 이들은 하루가 멀다 하고 신제품을 내놓아 변덕스러운 소비자의 호기심을 자극함으로써 경쟁에서 살아남으려 한다. 우리는 여기에서 다양성과 관련하여 하나의 딜레마를 보게 된다.

과거와 비교하여 인간 사회는 훨씬 다양해졌는데 왜 생태계는 자연이고 사회고 간에 더욱 불안정해지고 있는 것일까? 그것은 현재의 다양성이 이기적 욕망에 근거한 물질주의적 경쟁의 결과이기 때문이다. 인간들은 오로지 자신의 물질적 이익을 위해 자연계의 생물종다양성을 무참하게 유린하고 있다.

《제6의 멸종》을 쓴 리처드 리키에 의하면 과거엔 4년마다 하나의 종이 소멸되는 것이 정상이었다고 한다. 이런 식의 정상적인 소멸이 19세기까지 3억 년에 걸쳐 유지되어왔으나 현대에 와서는 그 속도가 상상할 수 없을 정도로 빨라져 인류가 지구에 처음 등장했을 때 존재했던 다양한 동식물 가운데 4분의 1이 지난 1백 년 사이에 사라져버렸다고 한다. 그는 만약 모든 것이 근본적으로 바뀌지 않으면 먹이사슬의 최상위에 있는 인간도 머지않아 대량소멸이라는 사태를 맞이하게 될 것이라고 내다보고 있다.

사회환경의 피폐함 또한 자연생태계의 그것 못지않게 위험한 상태에 처해 있다. 지구자원을 거의 독점적으로 사용하는 선진국들은 남아도는 돈으로 나름대로 쾌적한 사회환경을 갖추고 있지만 본인의 의지와 상관없이 서구식 근대화에 휘말린 제3세계 나라들의 사회환경은 세계적인 빈익빈 부익부 현상에 따라 날이 갈수록 악화되고 있다.

우리가 대형 슈퍼마켓에서 보는 엄청난 상품의 다양성은 다른 곳의 다양성을 파괴한 끝에 얻어진 것이다. 예를 들어 진열대에 산처럼 쌓여 있는 바나나와 커피는 생물종다양성의 보고인 열대우림을 불도저로 밀어내고 세워진 거대한 플랜테이션(재식농업)에서 생산된 것이다. 열대우림이 지구 면적의 7퍼센트에 불과하지만 지구 전체 생물종의 반 이상이 그 안에 살고 있다는 것을 알고 나면 그런 식의 소비행태가 얼마나 반생태적인지 짐작할 수 있을 것이다. 한때 전 세계에 식민지를 거느렸던 영국이나 프랑스에서 보게 되는 문화적 다양성은 식민지의 다양한 토착문화를 파괴하고 얻어낸 것이다. 마찬가지로 한 국가 안의 도시의 다양성 역시 농촌 지역의 다양성을 파괴한 대가로 이루어진 것이다.

다양성이 사라진 지역의 생태계는 지극히 불안정하여 약간의 외부적 충격에도 쉽게 무너질 수 있다. 예컨대 북한이 1990년대 중반에 있었던 수해로 오랫동안 기근을 겪은 것도 북한 사회의 생태적 기반이 몹시 취약했기 때문이다. 이러한 사태는 비단 북한의 일만이 아니다. 맹목적인 서구화와 근대화로 인해 본래의 다양성을 상실한 제3세계 많은 나라들의 생태적 기반은 지금 거의 붕괴하기 직전에 있다. 이를 그대로 내버려 두었다가는 지구 전체가 붕괴될지도 모른다. 각 나라의 정부는 생물종 다양성을 충분히 위기에 빠뜨릴 수 있는 기업의 행위에 제재를 가해야 하며, 사회단체와 개인은 자기가 살고 있는 지역의 다양성을 향상시키기 위해 할 수 있는 노력을 다해야 할 것이다.

사는 것만큼 죽는 것도 중요하다

잘 사는 것도 어렵지만 잘 죽는 것은 더욱 어렵다. 어떻게 해야 잘 사는가에 대한 책들은 많은데 어떻게 해야 잘 죽는지에 대한 책들이 별로 없는 것을 보면 죽음에 대해 도통한 사람은 그다지 많은 것 같지 않다. 하긴 죽음은 누구에게나 마지막으로 한 번뿐인 경험이니까 경험을 통한 학습이란 것이 있을 수 없다. 그렇긴 하더라도 삶의 의미를 진실하게 들여다본 사람이라면 죽음을 어떻게 맞이할 것인지에 대해 나름대로 의견을 가지고 있을 것이다.

옛날처럼 의료시설이 미비한 시절에는 죽음을 집이나 자연 속에서 맞이했기 때문에 죽음을 자연스러운 현상으로 받아들이는 것이 크게 어렵지 않았으리라는 생각이 든다. 요즘은 많은 경우 병원에서 죽음을 맞이하기 때문에 죽어서 자연으로 돌아간다는 느낌보다 인간에 의해 관리되는 죽음의 고통이 더 크게 느껴진다.

나는 2년 전에 식물인간 상태의 아버님을 수년간 돌보다가 하늘나라로 떠나보낸 경험이 있다. 오랫동안 병원과 집을 왔다 갔다 하다가 마지막 3개월은 중환자실에서 산소마스크를 쓴 채 최후를 맞이하는 아버지를 보면서 이것은 정말 아니다라는 생각이 들었다. 이 죽음의 과정은 엄밀히 말해 효도도 아니고 생명에 대한 예의는 더더구나 아니었다. 사람이건 동물이건 죽어야 할 때 죽지 못하면 그 자신도 비참해질 뿐만 아니라 자신이 처한 주위 환경인 생태계에 해를 끼치게 된다. 환자 자신도 고통은 고통대로 다 겪고 뒷바라지하는 가족들의 삶은 피폐일로를 걷게 된다.

문제는 이러한 잘못된 관행을 빌미로 돈을 벌고 있는 의료 시스템이다. 이들은 죽어가는 환자에게 온갖 값비싼 첨단 장비를 들이대고 아직 검증되지도 않은 의학실험을 일삼는다. 소생이 불가능한 줄 뻔히 알면서도 심장 박동이 꺼지지 않을 정도의 약물과 장비를 끊임없이 투여한다. 병원에 환자를 내맡긴 가족들이 할 일은 거의 없다. 그저 청구서가 나오는 대로 돈만 갖다 내면 된다. 아름다워야 할 죽음의 과정이 추한 비즈니스로 전락해버린 것이다. 가족은 몹시 힘들었지만 할 만큼 했으니 적어도 망자에 대한 도덕적 책무로부터 자유롭다고 생각한다.

죽음을 좀 더 자연스럽고 품위 있게 마무리할 수는 없을까? 동물의 경우 자신이 죽을 때가 되면 조용히 무리에서 벗어나 죽음을 맞이할 장소를 찾아간다고 한다. 가장 원시적인 부족 가운데 하나인 오스트레일리아의 한 부족에서는 자신이 늙고 병들어서 더 이상 공동체에 도움이 안 된다고 판단이 서면 벌판에 홀로 나아가 단식으로써 삶을 마감한다고 한다. 물론 이는 경제적 잉여가 거의 없는 원시사회의 특성상

부득이한 일로 보이지만 적어도 죽음에 관한 한 현대인들은 가장 소비적이고 환경파괴적인 관습을 가지고 있는 것 같다.

인간의 죽음에 대한 온갖 잘못된 사회적 폐습을 청산하기 위해서라도 죽음을 의롭게 받아들이는 운동을 벌여야 할 것 같다. 출산의 경우 제왕절개수술의 폐해가 널리 알려지면서 자연분만운동이 확산되고 있는 것을 보면 전혀 불가능한 일도 아닐 것이다. 죽음을 삶의 자연스러운 한 과정으로 받아들여 스스로 죽음을 준비하고 맞이하는 공부가 필요하다.

사실 환자를 간호하다 보면 전혀 소생 가능성이 없는데도 환자 자신이 더 나은 치료와 보호를 요구하는 것을 보게 된다. 건강해지고 싶다는 것은 분명 인간의 기본적인 욕구이지만 적어도 죽음에 이르러서는 포기할 줄 아는 것이 더 현명한 처사일 때가 많다.

언젠가 해외토픽에서 20년 가까이 식물인간 상태로 있다가 깨어난 환자 이야기를 본 적이 있는데 그것은 그야말로 해외토픽에서나 볼 수 있는 예외적인 경우이다. 그러한 요행수를 바라고 호흡기를 달고 마냥 중환자실에 누워 있는 것은 길거리에서 로또를 찍는 것과 다를 바 없다. 한 번 맞이하는 죽음을 로또 찍는 심정으로 맞이해서야 되겠는가? 스스로 음식을 끊음으로써 자연스럽고 편안하게 생을 마감한 스코트 니어링과 같은 철저함에는 미치지 못한다 하더라도 자신의 삶을 의미 있게 마감하기 위해 나름대로 준비를 할 필요는 있지 않겠는가.

죽음을 맞는 준비에 관한 한 나는 전라남도 승주 산골짜기에 사는 자연주의자 한원식 선생의 의견에 전적으로 동의한다. 그의 자연주의적 섭생이 병을 고친다는 소문이 널리 퍼지자 도시에서 병원을 전전하다가 더 이상 갈 곳이 없는 환자들이 그를 많이 찾아온다고 한다. 그는 환자들이 오면, 이곳은 생명을 살리는 곳이 아니라 건강하게 죽음을 맞이하게 하는 곳이니 살고 싶으면 다른 데로 가라고 얘기한다. 그러나 이미 해볼 것 다 해보고 온 환자들인지라 이런 식으로 되돌려 보낸다 해도 순순히 물러설 리가 없다.

　죽어가는 환자에게 그가 처방하는 것은 식이요법을 동반한 단식이다. 발병 부위에 영양공급을 중단하는 것이 무엇보다 중요하다는 것이다. 또한 단식을 하면 우리 몸이 그동안 꺼내어 쓰지 않았던 자연치유력이 되살아난다는 것이다. 그러나 이렇게 해서 그가 살려낸 사람은 그리 많지 않다. 그도 그럴 것이, 찾아온 대부분의 환자들이 이미 생과 사의 임계점을 넘은 사람들이기 때문이다. 대신에 그들은 단식을 통해 몸과 정신이 맑아져 아주 편안하게 죽음을 맞이한다고 한다. 최소한의 고통과 편안한 마음으로 죽음을 맞이하는 것이 중환자실에서 끝도 없는 고통 속에 실낱같은 생명을 연장하는 것보다 백 번 나음은 말할 것도 없다.

　그러나 그렇다고 해서 어찌 생명을 살리는 일에 욕심이 없을까. 그가 환자에게 당신은 이리저리 하면 살 수 있다고 말하지 않는 것은 삶과 죽음에 관한 역설의 법칙 때문이다. 보통의 경우 살려고 노력하면 살 수 있는 길이 보이지만, 가망이 없어 보이는 경우에는 역설의 법칙이 적용된다. '죽으려 하면 살 것이고 살고자 하면 죽을 것이다' 라는 유명한 역설이다. 실제로 그를 찾아온 환자들 가운데 죽을 각오를 하고 단식을 하여 다시 건강해져서 집으로 돌아간 경우도 꽤 있다. 문명이라는 것이 자연으로부터 멀어지는 방향으로 발전하다 보니 이렇듯 자연스러운 방법조차도 무슨 희귀한 요법인 양 선전해대는 세상의 인심이 한심스러울 뿐이다.

죽어야 할 때는 죽어야 한다. 그것이 자연의 이치이다. 물론 살릴 수 있는 생명은 살려야 하겠지만 죽음이 거의 확실한데도 억지로 생명을 연장하는 것은 당장에 위안은 될지언정 사회 전체와 생태계에 악영향을 미친다. 자연스럽게 태어난 생명이 자연스럽게 죽어가야 생태계의 균형을 이룰 텐데 죽지 않고 계속 버티고 있으니 연령에 따른 인구비율이 왜곡되는 것이다. 고령화 사회는 쉽게 말해 의술의 발달로 인한 생태계의 불균형에 다름 아니다.

조화와 균형의 창조질서에 걸맞은 죽음을 맞이하기 위해 죽음에 대한 개인의 선택권을 인정해야 하지 않을까?

밥상으로 들여다본 나

식품의 소비는 일종의 정보를 전달하는 사건이다. 그것은 식품의 재료의 근원인 토양과 수질에 관한 정보를 전달한다. 이를테면 우유에서 치즈가 형성되기까지의 가공 과정에 관한 정보를 알려준다. 하나의 식품을 거쳐간 하나하나의 손길들은 동시에 정보의 흔적을 남긴다. 따라서 식품은 저장과 유통에 관한 정보도 담고 있다. 결국 하나의 식품을 통해 우리의 몸에 새롭고 각기 다른 정보가 주어지는 것이다.

—호세 루첸베르거,《지구적 사고 생태학적 식생활》

'나'란 무엇일까? 원래부터 존재하는 '나'라고 하는 그 무엇이 있는 것일까? 분명 조상으로부터 어떤 특유한 유전자를 물려받았겠지만 그것이 '나'의 전부는 아닐 것이다. 현대에 들어와 분자생물학의 발달로 인해 많은 학자들이 유전자로 인간의 정체성을 밝혀내고자 노력하고 있지만 여전히 '나는 무엇인가?' 하는 물음은 계속되고 있다. '나'라고 하는 존재가 끊임없이 변화 발전하고 있기 때문이다. 이 변화와 발전의 계기는 우리가 살아가면서 맺는 수많은 '관계'를 통하여 주어진다. 만일 '나'를 내가 맺고 있는 '모든 관계의 총화'라고 정의한다면 바람직한 관계를 많이 가질수록 좋은 '나'가 될 수 있을 것이다.

그러나 좋은 관계가 곧바로 좋은 나를 만드는 것은 아니다. 우리는 관계를 통하여 상대방의 정보를 받아들이지만 내 안에 있는 정보처리 체계가 어떤가에 따라 똑같은 환경에 살고 있어도 완전히 다른 사람으로 성장하곤 한다. 그러므로 바람직한 '나'를 만들기 위해서는 첫째로 내가 관계하는 대상이 되도록 좋은 정보를 가지고 있어야 하며, 둘째로 내 안에 섬세하고 정확한 정보처리 체계를 가지고 있어야 한다.

극심한 경쟁관계 속에서 온갖 스트레스에 시달리며 사는 현대인들은 좋은 정보를 많이 가진 대상을 만나기가 쉽지도 않을뿐더러 일에 치여 살다 보니 자신의 정보처리 체계를 제대로 추스를 여유도 갖고 있지 못하다. 이러한 상태가 오래 지속되면 자신의 정체성에 대한 회의가 일게 되고 결국에는 삶의 목적과 의미를 잃어버리게 될지도 모른다.

우리는 흔히 인간적 삶의 조건으로 의(衣), 식(食), 주(住) 세 가지를 든다. 인간의 사회활동이나 국가의 존재도 모두 의식주 문제를 해결하기 위해 있는 것이지 그 존재 자체가 목적은 아니다. 그런데 어째서 그 순서가 의, 식, 주로 굳어져버렸는지 모르겠으나 엄밀히 말하자면 식, 의, 주의 순서가 되어야 마땅하다. 집이나 옷은 없어도 당장 얼마간은 지낼 수 있지만 밥이 없으면 단 하루도 버티기 힘들기 때문이다.

천하에 없는 미녀가 멋진 집에 멋진 옷을 입고 뽐내고 다녀도 쌀독에 쌀이 떨어지면 다 소용이 없다. 이와 같이 밥과의 관계는 다른 어떤 관계를 생각하기 이전에 우선적으로 고려해야 할 문제인데도 사람들은 밥을 단지 허기를 메우기 위한 수단 정도로 생각하는 경향이 있다. 대단히 위험한 노릇이다. 특히 지금처럼 천지가 다 오염되어 어디 숨을 구석도 없는 세상에서는 더욱 그렇다.

우리가 대하는 밥상은 하나의 정보 덩어리이다. 도시에 사는 평균인이 먹는 밥상을 들여다보자. 총각 회사원 박씨는 평소보다 늦게 퇴근하여 집 근처에 있는 통닭집에서 통닭 한 마리와 콜라 한 병, 그리고 후식으로 딸기 요구르트 한 개를 사들고 집에 돌아온다. 그는 거실에 들어서자마자 TV를 켜고 그 앞에 가져온 음식을 펼쳐놓는다. 배가 고팠던 그는 우선 닭다리부터 뜯어내어 입에 물고 연신 리모컨을 돌리다가 평소 좋아하는 격투기 채널에 고정시킨다. 한편으로 먹으면서 다른 한편으로 치고 박는 싸움질을 열심히 들여다보는 것이다. 3라운드 경기가 끝나기 전에 이미 닭 한 마리를 다 해치우고 새콤달콤한 요구르트로 입가심을 한다. 그가 이런 식의 메뉴를 즐기는 것은 특별한 이유가 없다. 시간에 쫓기는데다 이러한 음식들이 큰돈 들이지 않고도 쉽게 영양을 보충해주리라고 믿기 때문이다. 먹으면서 TV를 보고 있었으니 무슨 생각을 했을 리도 없다. 어떻게 보면 그 자신 죽은 닭을 상대로 일방적인 격투기를 벌였다고 볼 수도 있을 것이다.

박씨는 이런 식으로 밥을 먹는 사이 엄청난 양의 정보가 자신의 몸 안에 축적되고 있다는 사실을 알고 있을까? 그것도 매우 불량한 정보가! 우리의 몸은 대단히 예민한 안테나와 같아서 외부에서 들어오는 엄청난 양의 정보를 실시간으로 받아들인다. 하지만 우리의 지각능력은 별로 신통치가 않아서 그 가운데 극히 일부만을 인식할 뿐이다. 만일 다 인식한다면 두뇌에 과부하가 걸려 기능이 정지될 우려가 있다. 그러나 우리가 비록 인식하지 못한다고 해서 들어온 정브가 그대로 빠져나가는 일은 없다. 일단 들어온 정보는 어떤 형태로건 흔적을 남긴다.

박씨가 씹고 있는 닭고기는 엄밀히 말해 닭의 형태를 띤 인조고기나 다름없다. 달걀이 부화되어 병아리에서 중닭이 될 때까지 닭이 겪는 일생은 그야말로 지옥 그 자체이다. 업자들이 원하는 건 오로지 닭의 형태를 띤 단백질 덩어리이므로 생명체로서 닭의 존엄성이나 다른 생명과의 관계 따위는 안중에도 없다. 어떻게 하면 단시일 내에 살찐 닭을 만들어내는가가 그들의 유일한 관심이다.

닭들은 먼저 병아리 상태에서 전기인두로 부리가 지져진다. 서로 쪼지 못하게 하기 위해서이다. 이 과정에서 벌써 많은 병아리가 쇼크로 죽는다. 조금 더 크면 A4용지보다 작은 크기의 철망 안에 몸통이 갇힌 채로 머리만 밖으로 내놓고 온갖 화학비료와 농약으로 뒤범벅된 유전자 조작 사료를 먹고 살을 찌운다. 사육되는 동안 수시로 살균소독제가 뿌려지고 사료에는 항생제와 성장촉진제, 안정제 따위가 투입된다.

정상적인 닭은 자연수명이 평균 7년이지만 치킨집으로 가는 이 닭들은 호르몬제를 먹고 이상 발육하여 겨우 37일 만에 도축장으로 끌려간다. 도축되기 직전의 닭들은 운동부족 상태에서 이상 발육하여 제대로 서 있지도 못할 지경이다.

연구자들의 조사에 의하면 이 무렵의 닭들은 전염병만 안 걸렸을 뿐이지 거의 질병센터나 다름없다. 주로 탈수, 심장질환, 관절염, 호흡기 질환 등이 발견된다고 한다. 또 다른 조사에 의하면 90퍼센트 이상의 닭고기는 닭암에 걸린 상태라고 한다. 하긴 어떤 동물이건 그런 조건에서 사육될 경우 암에 걸리지 않는 것이 오히려 이상한 일이다. 한국인의 사망 원인 가운데 암이 1999년 이래 계속해서 1위를 고수하고 있는 것을 볼 때 우리네 삶의 조건이 점점 기업식 양계장을 닮아가고 있는 것은 아닌지 살펴볼 일이다. 도축 과정 또한 끔찍하다. 대부분 전기충격으로 죽이는데 전류가 너무 세면 고기가 상하므로 그보다 좀 약한 전기로 기절만 시켜서 끓는 물에 넣는다. 그러니까 상당수의 닭들은 목숨이 붙어 있는 채로 화탕지옥에 들어가는 셈이다.

문제는 닭들이 겪는 이러한 끔찍스러운 고통과 원한이 모두 닭고기 안에 정보의 형태로 저장된다는 것이다. 게다가 닭은 원한을 품으면서 자기 몸에 생물학적 독을 만들어 저장한다. 일종의 복수와도 같다. 이것은 사람도 마찬가지이다. 웃으면 엔돌핀이 생성되고 화를 내면 독성 물질이 만들어진다. 화를 잘 내는 사람이 병에 잘 걸리는 것도 다 이유가 있다. 이러한 닭고기를 먹으면 그 나쁜 정보들이 몸에 들어와 우리의 신경계와 순환계를 어지럽히고 우리의 영혼마저 흐리게 만든다.

이것은 비단 닭에 국한된 문제가 아니다. 기업식으로 사육되는 거의 모든 가축들도 비슷한 과정을 거쳐 우리의 밥상에 오른다. 이런 식의 식사를 장기간 하게 되면 거의 대부분 나이에 상관없이 성인병에 걸리게 될 뿐 아니라 성격마저 공격적으로 변하고 정서도 불안해진다. 박씨 같은 이는 격투기를 보면서 이런 음식을 먹으니 더 말할 것도 없다. '뉴스타트 운동(생활습관의 변화만이 건강한 삶의 비결이라는 캠페인)' 으로 유명한 이상구 박사는 미국에서 정서적으로 불안하고 공격적인 아이들에게 햄버거와 같은 인스턴트 식품을 끊고 전통 한식 위주로 식단을 짜서 먹였더니 아이들의 성격이 온순해지고 아주 침착해졌다는 결과를 발표한 적이 있다.

요컨대 우리가 먹는 음식에는 음식을 구성하고 있는 재료들의 성장 과정에서부터 가공 처리, 운반되어 상점의 진열대에 오르기까지의 모든 정보가 담겨 있다. 건강한 음식은 이 과정 모두가 건강하다는 것을 뜻한다.

회사원 박씨는 입가심으로 딸기 요구르트를 먹었는데, 채소나 과일의 경우 역시 가축과 비교해서 결코 더 낫다고 말할 수 없다. 독일에서 한창 잘 팔리는 한 딸기 요구르트의 원산지를 추적해보니 거기에 들어가는 모든 재료들의 이동거리가 8천 킬로미터나 되더라는 보고가 있었다. 요구르트 몇 숟갈 떠먹으려고 8천 킬로미터나 돌아다니며 석유를 소비하고 대기 중에 이산화탄소를 배출했다고 생각하면 참으로 어이가 없다. 우리는 아무런 생각 없이 그러한 요구르트를 먹으면서 입만 열면 환경과 건강의 중요성을 떠들고 다니는 현실에 살고 있다.

세상이 이렇게 복잡하게 얽혀 있기 때문에 우리는 좋은 정보가 무엇인지 가려내는 식견과 받아들인 정보를 온전히 자기 것으로 소화할 수 있는 능력을 길러야 한다. 아래에 바람직한 밥상을 위한 몇 가지 지침을 적어본다.

― 자기가 먹을 것은 자기가 생산한다. 이것이 가능하지 않으면 주말농장이나 베란다 농업을 통해 최소한 채소만이라도 자급한다. 이것도 가능하지 않으면 유기농 식품을 구입하여 먹는다.
― 되도록 식품이동거리(Food Mile)가 짧고 제철에 난 것을 구한다.
― 되도록 다양한 식품을 구해 먹는다. 이것은 영양학적으로도 바람직하고 생물종다양성의 확보를 위해서도 필요하다. 만약 천만 서울시민이 모두 시금치만 먹는다면 대한민국 밭의 4분의 1은 전부 시금치 밭이 된다. 생물종다양성은 생태계의 안정을 위해 절대 필요하다.
― 육식을 줄인다. 대규모 가축사육은 에너지 효율면에서 볼 때 대단히 낭비적이고 환경파괴적이기도 하다. 또한 비만과 성인병의 원인이 되기도 한다.

― 되도록 가공이 덜 된 식품을 구한다. 가공단계가 많을수록 영양소는 파괴되고 화학물질이 많이 첨가된다. 그리고 성인병과 비만을 막아주는 식이섬유가 많이 함유된 식품을 먹는다. 현미가 좋은 예이다.

한 인간의 정체성을 규정하는 요소는 매우 다양하지만 그 가운데 가장 중요한 것이 바로 밥상이다. 좀 거칠게 말하자면 나의 정체성은 내가 매일 마주하는 밥상이다. 양계장 같은 환경에 앉아 화공약품으로 뒤범벅이 된 음식을 먹으면서 고귀한 영혼이 나오기를 바라는 것은 쓰레기통에서 장미가 피어나길 기대하는 것과 같다. 고귀한 사람이 되고 싶다면 먼저 밥상부터 바꾸어야 한다.

문명의 발달과 몸의 퇴화

텔레비전도 인터넷도 없는 산속에서 살다 보니 자연히 라디오를 자주 듣게 된다. 얼마 전 으레 그렇듯이 라디오를 켜놓고 식사를 하다가 한 지혜로운 할머니의 손자사랑 이야기를 들으며 무릎을 쳤다.

아직 학교에 들어가지 않은 어린 손자 녀석이 휴대폰을 걸고 있는 할머니에게 자기도 엄마 아빠와 삼촌의 전화번호를 알고 있다고 자랑하더란다. 할머니도 잘 외우지 못하는 전화번호를 알고 있다는 말에 호기심이 일어 한번 외워보라고 했더니 "아빠는 3번, 엄마는 4번, 삼촌은 7번이야"라고 말하더란다. 할머니는 기특하기도 했지만 황당한 마음에 손자의 머리를 쓰다듬어주면서 번호를 일일이 눌러 보이며 엄마 아빠의 진짜 전화번호를 가르쳐주었단다. 아마도 아이가 단축번호를 이용하여 전화하는 할머니의 동작을 눈여겨보아두었던 모양이다. 그 이후 할머니는 때때로 단축번호 대신 일일이 번호를 눌러 전화를 거는 습관을 가지게 되었다고 한다.

솔직히 말해 이 글을 쓰고 있는 나도 온전히 외우고 있는 전화번호가 거의 없다. 휴대폰을 항상 사용하다 보니 저절로 그리 된 것이다. 만약 외딴곳에서 휴대폰이라도 잃어버리면 나는 끔짝없이 미아가 될 수밖에 없다. 돌이켜보건대 학창시절 나는 분명히 십여 개의 전화번호를 외우고 있어 어디에서건 동전만 있으면 바로 전화를 할 수 있었다. 그러나 지금은 휴대폰이 없으면 도무지 연락할 방도가 없다. 전화번호를 모르는 것은 둘째 치고 동전을 받아주는 공중전화기를 만나기가 쉽지 않은 까닭이다. 한번은 휴대폰을 깜박 잊고 외출했다가 전화 한번 하기 위해 3천 원짜리 전화카드를 사서 여기저기 전화번호를 수소문한 끝에 겨우 통화를 한 일도 있다.

어디 이런 일이 전화뿐일까? 우리가 편리함을 좇아 문명의 이기를—그것도 신제품 위주로—받아들일 때마다 이런 일은 어김없이 반복되고 있다. 세탁기를 들여놓음에 따라 손빨래하는 법을 잊어버리고, 냉장고를 사용하면서 상온에서의 음식물 저장법을 잊어버리고, 자동압력밥솥으로 밥을 하다 보니 밥 지을 때 불조절하는 방법을 잊어버린다든지 하는 따위다. 태어나면서부터 이런 제품들을 사용한 세대들은 아예 중간에 그러한 과정이 있었는지조차 모른다. 도시 한가운데서 자라난 어느 젊은 공장노동자는 한 방송 인터뷰에서 감자가 어디에서 생산되는지 아느냐는 질문에 슈퍼마켓에서 생산된다고 대답했을 정도이다.

이처럼 문명의 발달은 우리에게 생활의 편리를 가져다주지만 그 부작용은 심각하기 이를 데 없다. 좀 과장해서 얘기하자면 사람들이 첨단 제품을 사용하면 할수록 무지해진다고 할 수 있다. 기계는 점점 복잡해지고 사용법은 그와 반대로 점점 간단해지니 소비자들로서는 도대체 머리를 쓸 일이 없다.

사실은 머리를 포함한 몸 전체를 쓸 일이 없다. 굳이 진화론을 들먹이지 않아도, 사용하지 않는 기관은 점점 퇴화하고 만다는 것을 우리는 경험으로 알고 있다. 그럼에도 사람들은 편리함을 추구할수록 자신의 몸이 퇴화하고 있다는 사실에 대해 관심조차 없다. 나만 그런 것이 아니라 주변의 모든 이들이 똑같은 처지에 있으므로 굳이 문제 삼으려 하지 않는 것이다. 나의 관심은 오로지 남들보다 한발 앞서는 첨단 제품을 구입하기 위해 열심히 돈 버는 일밖에 없다.

그러므로 우리는 현대문명의 특징을 '돈을 들여 내 몸의 기능을 하나하나 잃어버리는 것, 또는 외부로 이전하는 것'으로 규정할 수 있다. 문제는 이 '외부 이전 비용'이 만만치 않다는 것이다. 먼저 내가 원래 가지고 있던 것을 내버리는 데 비싼 돈을 지불해야 한다는 점이다. 아무리 돈을 내고 쓰레기를 내다버리는 시대라 하지만 여전히 쓸모가 있는 나의 기능을 돈 내고 버리다니 억울하기 짝이 없다. 그런데도 사람들은 억울해하기는커녕 하루빨리 버리지 못해 안달이다. 빨리 못 버리면 야만인 취급을 받기 때문이다. 그러다가도 필요하다 싶으면 그 기능을 돈 내고 배우느라 난리다. 참으로 바보 같은 일이 태연스레 벌어지고 있는데도 우리는 이것을 진보라고 믿고 있다. 모든 것이 편리함을 무기로 돈이 벌이는 마술이다.

다음은 내 몸의 기능을 외부로 이전하는 과정에서 엄청난 환경파괴가 일어난다는 점이다. 가령 낫질이나 삽질을 하며 자연을 파괴해보아야 생태계 전체에 미치는 영향은 거기에서 거기이다. 그러나 비싼 돈을 들여 구입한 거대한 기계나 화공약품의 파괴력은 거의 한계가 없다. 편리함을 추구할수록 환경파괴의 정도가 더욱 심해지는 것은 피할 수 없는 결과이다.

세 번째로 내 몸의 기능을 외부로 이전함으로써 대부분의 관계가 간접적인 것이 된다는 점이다. 나와 너, 나와 자연 또는 사회의 만남이 특정 매개물을 통해 이루어짐으로써 그 매개물을 조작하는 사람 또는 기관에 의해 우리의 모든 관계가 왜곡될 수 있다. 모두들 컴퓨터가 개인주의 시대를 활짝 꽃피웠다고 하지만 바로 그 컴퓨터에 의해 모든 개인들이 조작의 대상으로 전락했다는 사실은 모르고 있다.

어떻게 보면 문명이 발달할수록 참된 민주주의로부터 멀어질 가능성이 더욱 커지고 있는 셈이다. 뿐만 아니라 직접적인 대인관계 조정 능력의 상실은 이혼율의 상승, 폐쇄적 고립주의, 우울증, 성격파탄 등으로 나타나고 있으며, 자연으로부터 단절된 인공적 환경에 장시간 거주함으로써 천지자연이 무상으로 주는 엄청난 치유력을 그냥 흘려버리고 있다.

마지막으로 대부분의 기능이 외부로 이전된 후에 급격한 환경 변화가 일어났을 경우 인간의 생존 능력은 그야말로 제로에 가깝다는 점이다. 휴대폰을 잃어버린 내가 연락할 방도를 몰라 허둥대는 모습 그대로이다. 수많은 과학자들이 가까운 미래에 그러한 환경 재앙이 일어날 가능성을 끊임없이 경고하고 있지만 편리함에 중독된 현대인들은 그것을 아는지 모르는지 그저 희희낙락이다.

이제 우리는 온전한 몸의 복원을 위해, 지속가능한 인간 사회와 자연환경을 위해 문명의 방향을 바꾸어야 한다. 모든 것을 맨손으로 해야만 했던 원시상태로 돌아갈 수는 없지만 몸의 기능을 최대한 유지하고 발전시키는 방향으로 기술개발을 해야 한다. 예컨대 모든 제품을 지금과 같이 원터치 방식으로 만들 것이 아니라 일이 이루어지는 과정을 소비자들이 알 수 있게 하고 그 과정에 참여함으로써 즐거움을 느낄 수 있는 제품을 개발하는 것이다.

정치도 내가 직접 확인하고 관여할 수 있는 지역 중심의 정치로 변해야 하며, 경제도 적어도 자신이 쓰는 제품을 누가 어디서 만들었는지 확인할 수 있는 지역 중심의 경제로 재편되어야 한다.

이런 사회에서는 몸의 기능을 최대한 많이 확보해야만 일이 가능한 농업이나 제조업이 다시 활성화될 수밖에 없다. 이것을 역사의 퇴보로 보아서는 안 된다. 이미 인류가 도달한 지적 수준을 바탕으로 현재의 상황에 가장 적합한 방법과 기술을 찾아내는 것이므로 더욱 수준 높은 발전이라 보아야 한다. 여기에서 '현재의 상황'이란 현재의 기술 수준과 소비자의 기술조작 능력 그리고 생태계의 정화 능력 모두를 아우르는 것으로 우리는 이렇게 채택된 기술을 '적정기술'이라고 부른다.

지금까지 우리는 발전이라는 것을 다른 영역과의 관계를 도외시한 채 어느 한쪽에서의 특별한 발전이 다른 모든 부문의 발전을 자연스럽게 유도한다고 생각해왔다. 그러나 이러한 발전은 소비자를 소외시킴으로써 몸의 퇴화와 함께 환경파괴라는 결과를 가져왔을 뿐이다.

참문명*은 자연을 거스르지 않는다

오늘날 세계의 관광객들을 끌어들이고 있는 관광 유적들은 모두 한때 영원히 존속할 것 같은 착각 속에서 번영을 구가하던 문명들이었다. 이 찬란했던 문명들이 어떻게 해서 망했는지에 대해서는 여러 가지 의견이 분분하지만, 공통적으로 자연의 질서에 반하는 인간의 교만이 자리하고 있었다는 점만은 확실하다.

자연은 결코 그런 거대한 유적을 만들지 않는다. 전성기가 지나면 그대로 자연으로 회귀할 뿐이다. 그러나 인간의 문명은 그렇지 않다. 그것은 마치 자연의 도도한 흐름에 저항하듯 몇백 년 몇천 년을 버티고 서서 자신의 교만을 자랑한다. 후대의 사람들은 그 교만을 보고 감탄하며 선인들의 위대한 문명에 경외심마저 품는다.

슬픈 일이다. 사실로 말하자면 그 위대한 유적들은 무지막지한 인권유린과 치유할 수 없는 자연파괴 위에 세워진 것이다. 지상에 남아 있는 문명의 껍데기가 거대하면 거대할수록 그 안에 스며 있는 인간정신은 파괴적이고 교만하다. 이러한 문명 유적을 찬양하고 선전하는 무리들에게는 뭔가 시꺼먼 속내가 있다고 보아도 크게 틀리지 않는다. 과

거의 영화에 빗대어 현재의 지배와 착취를 합리화하려는 수작이 엿보이기 때문이다.

'참문명'은 그러한 흔적을 남기지 않는다. '참문명'의 영위자들은 문명을 일구되 대자연의 질서를 거스르는 일이 없다. 자연과 함께 생·장·소·멸하므로 지상에 특별히 남겨놓을 것이 없다. 기껏 남긴다고 해야 그 역시 자연의 일부일 뿐이다. 그들의 '참문명'은 소프트웨어의 형태로 후손에게 전수된다. 안타깝게도 사람들은 지상에 하드웨어의 형태로 남아 있지 않은 '참문명'에 대해 잘 알지 못할뿐더러, 안다고 해도 그것을 문명이 아니라 문명 이전의 야만 상태 정도로 인식하고 있다.

현재의 도시문명이 무엇이냐 하는 데에는 이견이 있을 수 없다. 두말할 것도 없이 자본주의 문명이다. 자본주의 문명은 인간의 이기심에 바탕을 둔 상품유통 문명이다. 자본주의 문명은 자유로운 상품의 유통을 통하여 인류 역사상 최초로 세계를 하나의 그물망으로 엮어냈다. 그 과정에서 수천 년 동안 농지에 묶여 있던 인간들을 풀어내어 도시로 도시로 몰아넣었다. 자본주의 문명이 이런 식으로 전개된 것은 오로지 자본의 효율성만을 추구한 결과이다. 세계를 하나로 연결해야 상품을 팔아먹을 곳이 많아지고, 인구를 한곳에 집중시켜야 한자리에서 많은 상품을 팔아먹을 수 있으니까.

그런데 '자본의 효율성'에는 '인격의 완성'이라든지 '자연의 보전'

과 같은 개념이 끼어들 여지가 없다. 그런 것을 고려하면 그 순간부터 자본의 효율성이 떨어지고, 그렇게 되면 보다 효율성이 높은 다른 자본에게 먹혀버리고 말기 때문이다. 이런 원리에 의해 움직이는 사회는 지속적으로 성장하거나, 즉 자본의 효율성을 계속 높여나가거나, 아니면 그대로 주저앉아 망해버리거나 양자택일의 길을 가는 수밖에 없다. 그것은 마치 계속해서 페달을 밟아주지 않으면 쓰러지고 마는 자전거의 원리와 같다.

우리가 박정희 대통령의 지휘 아래 허리띠를 졸라매고 경제건설에 나선 것이 1962년의 일이다. 그때 이래로 지금까지 한순간도 허리띠를 풀라는 '명령'을 들어보지 못하고 살았다. 그러나 선진국 대열에 들어섰다는 지금은 어떤가? 여전히 허리띠를 풀면 다 망한다고 엄포를 놓으며 계속 조일 것을 다그치고 있다. 자본의 효율성에 코를 꿰어 우리의 육신이 이렇듯 '개미허리'가 다 되어가는 사이에 우리 삶의 터전인 국토는 또 어찌 되었는가. 사람 발이 닿는 땅이란 땅은 모두 시멘트로 덮여버리고 사방천지는 미처 다 소비하지도 못한 쓰레기와 오물로 가득하니 이런 곳에 '개미'인들 살아남을까?

불행한 것은 이렇듯 파괴적인 자본주의를 대신할 사회체제가 보이지 않는다는 것이다. 한때 공산주의가 세계 인구의 절반을 호령하며 기세를 올렸건만 한 세기를 못 채우고 역사의 무대 저편으로 사라져갔다. 공산주의의 몰락은 사람들로 하여금 자본주의 문명의 보편성과 정당성을 더욱 확신하도록 만들었다.

이제 그들의 시선은 지구상에 마지막으로 남은 자본주의 문명의 미개척지, 즉 원주민들의 삶터로 향하고 있다. 공산주의는 자본주의에 공공연히 맞서서 싸움을 걸어왔기 때문에 자본가들의 미움을 샀지만, 오지에 사는 원주민들은 다른 이유로 자본가들의 미움을 받고 있다. 자본가들이 볼 때 인간이란 동물은 상품관계를 떠나서는 살 수도 없고, 살아보아야 낙도 없는데, 이 '야만적인' 원주민들은 상품관계 밖에서 자급자족하며 잘만 살고 있었던 것이다.

게다가 이들의 사는 방식이 문명세계에 알려지면서 자본주의에 비판적인 사람들의 시선이 자꾸 그리로 쏠리고 있다. 그들의 자연친화적인 삶의 방식에서 자본주의 문명에 대한 대안을 찾아볼 수 있지 않을까 하는 소박한 관심에서이다. 자본가들에게 다시 비상이 걸렸다. 이전의 공산주의자들은 자본 운영의 주체가 노동자냐 자본가냐 하는 문제를 가지고 싸웠지 문명 자체를 가지고 시비를 걸지는 않았다. 그러나 지금 그들에게 가장 날카로운 칼날을 들이대고 있는 사람들은 문명의 종말을 얘기하며 새로운 문명을 건설하자고 선동하고 있으니 어찌 심각한 일이 아니겠는가.

이들은 과거의 공산주의자들처럼 견고한 단일대오를 이루고 있지는 않지만, 세계 지배를 꿈꾸는 자본의 횡포에 각자의 자리에서 저항하는 한편 지역 고유의 가치체계를 소중히 여기면서 세계 모든 지역의 수평적 연대를 추구하고 있다. 이 연대 속에는 이미 과거로부터 오랜 세월 동안 자본주의를 모르고 자연경제 속에서 살아왔던 원주민들도 있다. 이들은 세계경제 차원에서 볼 때 있으나 마나 한 존재이지만, 자본주의 체제 밖에서 존속할 수 있다는 사실을 보여주는 것만으로도 자본주의에 위협이 되고 있다.

'참문명'을 말한다고 해서 결코 원시부족의 삶으로 돌아가자는 것은 아니다. 그러나 그들의 삶에서 우리가 잃어버린 것이 무엇인지 배워야 할 점이 많다.

＊ 참문명 오스트레일리아 원주민인 아보리진(참사람부족)의 전통적 삶과 문화를 일컫는 말.

인간의 권리와 자연의 권리

인간으로 태어나서 누려야 할 기본적인 권리를 '인권'이라 한다면 자연이 스스로의 법칙에 따라 존재할 수 있는 권리를 '자연권'이라고 해도 좋을 것이다. 인권을 침해하면 반드시 그 대가를 치르게 되어 있다. 우리가 알고 있는 역사적 대사건들은 거의 모두가 부당한 인권침해로부터 촉발된 것이다. 프랑스대혁명에서부터 러시아혁명과 한국의 동학농민전쟁에 이르기까지 모두 지배계층의 무자비한 인권탄압에 대해 피지배 계층이 폭력적으로 반응한 것에 다름 아니다. 역사적 경험은 우리에게 '폭력이란 타자의 권리를 내가 부당하게 침해할 때 생긴다'는 것을 말해주고 있다.

얼마 전 방문한 태풍 피해지역의 처참한 모습을 보고 나는 그것이 인간에 의한 자연권 침해의 결과라는 느낌을 지울 수가 없었다. 본시 물이란 지형의 굴곡진 형태에 따라 위에서 아래로 흐르게 되어 있다. 이것을 인간들이 개발이라는 욕망에 사로잡혀서 제멋대로 깎고, 막고, 붙이고 하다 보니 부당하게 권리를 침해당한 자연이 폭력적으로 반응하는 것이다. 계곡을 가로지르는 도로의 철근 콘크리트 방벽이 사나운 물살에 의해 처참하게 나동그라져 있는 모습을 보고 전율하지 않을 수 없었다. 비행기로 폭격을 해도 저 정도로 파괴되지는 않으리라고 생각이 들 정도였다.

오기가 발동한 인간은 피해를 복구한다며 강가 절벽에 더 두꺼운 콘크리트 옹벽을 구축하고 있었다. 피해를 복구하려는 노력이야 가상하지만 참으로 딱한 노릇이다. 강가에 옹벽을 세우면 세울수록 물의 유속은 빨라지고 그것은 강줄기의 굴곡면에 위태롭게 들어선 도로방벽을 더욱 세차게 내려칠 것이다. 실제로 작년에 떠내려간 교량을 올해 다시 세워놓았으나 또다시 떠내려간 곳이 한두 군데가 아니었다. 마치 자연과 인간이 누가 이기나 힘겨루기를 하는 것 같았다.

길을 내고 다리를 놓더라도 자연의 스스로 그러함을 함부로 훼손치 말아야 한다. 물이 자연스럽게 흐르도록 공간을 확보해주어야 한다. 그리하면 자연은 스스로 물의 양과 속도를 조절한다. 인간의 지나친 간섭과 침탈이 피해를 불러오는 것이다. 그렇다고 아예 개발을 하지 말자는 것이 아니다. 개발을 하되 자연권의 침해를 최소한으로 줄이자는 것이다. 자연과 타협하자는 말이다.

차를 타고 돌아다녀보면 알겠지만 지금 한국의 산과 들은 그야말로 몸살을 앓고 있다. 좁은 땅덩어리에 마치 거미줄을 치듯 도로를 놓느라고 온통 뒤엎어놓았다. 심지어 동해안의 어느 구간은 좁아터진 해안가에 세 번째 도로를 건설하느라고 기막힌 절경을 다 망가뜨리고 있었다. 더 많은 관광객을 신속하게 실어나르자는 속셈이겠지만 그렇게 해서 자연이 망가지게 되면 결국엔 관광객들이 발길을 돌리고 말게 되리라는 것을 모르는 걸까?

'하면 된다'는 식의 개발논리가 여전히 기승을 부리고 있다. 하면 되기야 되겠지만 이제는 그 결과가 어떻게 될 것인지를 좀 자세히 따져봐야 할 시점이 아닌가 한다. 어쩌면 이미 늦었는지도 모르겠지만.

지난 두 번의 태풍은 인간의 논리로 자연을 멋대로 조작하는 것이 얼마나 위험한 일인지를 극명하게 보여주었다. 자연은 살아 있는 생명체와 같다. 살아 있는 인간과 타협을 통해 일을 처리하듯이 자연을 대할 때도 타협하는 자세로 임해야 할 것이다. 그리고 보니 태국 쪽 메콩 강에서 댐건설 반대운동을 하고 있는 영국인 친구의 말이 생각난다. 매년 범람하는 강물을 그냥 놔두자는 말이냐는 내 물음에 그 친구는 이렇게 대답했다.

"범람하는 강물과 더불어 사는 지혜를 발견해야지. 이집트인들은 범람하는 나일 강가에 고도의 문명을 건설하여 5천 년 동안이나 유지하지 않았는가!"

똑바로 바라보기

　　　　　　　　　　　　　　　어린 시절 족대그물을 어깨에 메고 뚝방길을 터덜터덜 걷는 내 마음속에 목적지까지 더 빨리 가야겠다든지 물고기를 얼마만큼 잡아야겠다든지 하는 목표의식일랑은 어디에도 없었다. 그저 흐르는 강물과 너른 들판과 발밑에 밟히는 풀의 촉감이 너무도 좋았을 뿐이다. 피라기 몇 마리밖에 못 잡으면 어항에 넣어 길렀고, 메기라도 두엇 걸리면 매운탕을 끓였다. 우리 아이들은 어디에 가서 무엇을 가지고 추억을 만들어야 할까?

가운뎃길에 선 이들에게

생태위기의 시대에 생명의 소중함과 환경보전을 설파하는 지식인만큼 괴로운 존재가 있을까? 차라리 모르면 편안하다. 알고 있으니 괴롭고 그것을 실천으로 보여주지 못해 더욱 괴롭다. 상처 난 곳에 소금 뿌린다고 비판적 지식인의 행태를 못마땅하게 여기는 삐딱한 보수주의자들은 스스로 지키지도 못하는 것을 입으로만 떠들어댄다고 비아냥대니 더더욱 괴롭다.

산업문명의 소산이면서 어떻게 보면 산업문명의 기득권자이기도 한 지식인의 비판적인 말과 행동은 자기모순으로 보이기도 한다. 매일 자동차를 타고 돌아다니며 석유문명의 폐해를 설파하고, 슈퍼마켓에서 농약에 찌든 농산물을 사먹으면서 농약의 위험성을 경고한다. 하루 종일 자신을 돌아볼 틈도 없이 바쁘게 나다니면서 느림의 미덕을 찬양하는가 하면, 정보통신의 발달로 인해 엄청나게 늘어난 업무량에 시달리면서 단순 소박한 삶을 권장한다. 어디 그뿐인가? 밥숟갈만 놓으면 TV 앞에 앉아 드라마에 탐닉하는 식구들을 꾸짖다가도 자기가 좋아하는 스포츠 중계는 빠짐없이 본다. 먼 지방에서 일어나는 굵직한 환경

문제에는 감 놓아라 배 놓아라 하면서도 정작 자기가 사는 지역의 소소한 환경문제는 모른 체한다.

이런 식으로 말하기 시작하면 지식인은 치유할 수 없는 이중인격자라는 결론밖에 내릴 수 없다. 그런 측면이 있는 것은 사실이다. 그렇기 때문에 현대의 교육 체계가 수많은 지식인을 만들어내면서도 좀처럼 새로운 사회로 나아가지 못하고 있는 것이다.

확실히 현대의 조건 속에서 안다는 것과 알고 있는 것을 실천하는 것과의 괴리는 날이 갈수록 커지는 듯만 하다. 그 이유는 현대 산업문명의 중요한 특징 가운데 하나인 '개인의 파편화' 현상 때문이다. 개인은 단지 시스템을 유지하는 부속품일 뿐 개인에게 자율적인 삶의 공간은 좀처럼 허용되지 않는다. 자유세계라고 흔히들 이야기하지만 자유라는 말이야말로 산업화된 문명사회가 만들어낸 가장 큰 사기이다.

여기서 말하는 자유는 슈퍼마켓에 들어가서 진열대 위에 놓인 여러 가지 상품 가운데 하나를 선택하는 자유이지 슈퍼마켓 그 자체를 거부할 수 있는 자유는 아니다. 사회의 어느 누구도 슈퍼마켓을 이용하라고 강제하지 않았지만 슈퍼마켓을 떠나서는 사회 생활이 어렵다. 우리가 원래 가지고 있던 자유 가운데 일부를 박탈당한 것이 틀림없다. 커다란 슈퍼마켓이 하나 들어서면 반경 수 킬로미터 안의 작은 가게들은 거의 모두 문을 닫게 된다. 사람들은 슈퍼마켓을 이용하지 않을 수 없고, 생산자들은 슈퍼마켓의 요구대로 생산하지 않을 수 없게 된다.

문제는 슈퍼마켓이라는 것이 그 태생부터 운영에 이르기까지 반생태적이라는 데에 있다. 무농약 농산물이 슈퍼마켓 주인에게 이익을 보장해주지 않는 한 소비자는 그것에 접근할 도리가 없다. 생명운동을 하는 지식인이라 할지라도 각박한 도시환경에 사는 소비자로 남아 있는 한 자기 입으로 말한 바를 실천하기란 참으로 어렵다. 어려운 정도가 아니라 현대적인 삶의 조건 자체를 포기해야 할 것인지 말 것인지와 같은 존재부정의 문제에 늘 시달린다.

이러한 딜레마로부터 벗어나기 위해 많은 지식인들이 선호하는 방법이 하나 있다. 현재의 삶의 방식에 짐짓 눈을 감고 적극적으로 시스템 내부로 들어가 시스템 자체를 조금씩 생태적인 것으로 바꾸어나간다는 것이다. 개인적으로 거대한 시스템에 저항하다가 생존 자체를 위험에 빠뜨리기보다 기득권을 유지하면서 장기적으로 사회의 발전 방향을 생태적인 쪽으로 나아가게 하는 데 기여한다고 생각함으로써 자기 위안을 삼는 것이다. 극한 대립으로 치닫던 이전 시기에 이러한 타협적인 태도는 집권세력의 모순을 완화시켜주는 것으로 인식되어 많은 비난을 받았지만, 삶의 다양성과 민주적인 절차가 강조되는 지금은 꽤 합리적이고 현실적인 처신으로 받아들여지고 있다. 그러나 과연 그렇기만 한 것일까?

물론 '운동'이라는 것이 공기나 물만 먹으면서 할 수는 없다. 만약 어떠한 방식으로건 생계 걱정 없이 운동에만 전념할 수 있다면 그보다 바람직한 것은 없겠지만 대부분의 경우 생계문제도 해결하면서 운동을 해야 하기 때문에 이런저런 타협안이 나오는 것이다. 예전에는 운동의 순수성을 훼손할 정도로 현실과 타협하면 변절이라고 비난했고, 반대로 운동의 순수성을 고수하기 위해 현실적 어려움을 감내하면 지사라고 칭찬했다.

그러나 오늘날에는 두 마리 토끼를 다 잡는 지식인들이 많이 늘어났다. 그만큼 사회가 복잡해진 것이다. 대체로 권력이나 자본 쪽에서 전략적으로 운동을 수용할 때 이런 일이 가능해진다. 호랑이굴에 잡혀가도 정신만 차리면 된다고 했지만 많은 경우 권력 또는 자본의 덫에 걸려들고 만다. 아직 우리 사회에 생명을 살리고자 하는 권력이나 자본이 너무도 희귀하기 때문이다.

권력과 자본의 힘이 개인의 실천력을 압도하는 상황에서 선택하는 '가운뎃길'이 과연 성공할 수 있는가는 전적으로 자신에게 달려 있다. 가운뎃길이야말로 전적인 부정의 길보다 훨씬 어렵다. 두 발을 진흙탕 속에 담근 채 맑은 영혼과 몸가짐을 유지하는 것이 쉬울 리가 있겠는가. 성공의 비결은 단 하나.

'깨·어·있·음'이다.

깨어 있느냐 아니냐에 따라 가운뎃길은 '적당한 타협'이 될 수도 있고 '중도(中道)'가 될 수도 있다. 한국사회는 지난 1970~80년대를 거치면서 수많은 운동가를 배출했지만 90년대에 IMF를 거치면서 극소수만이 살아남아 운동가의 기상을 유지하고 있다. 무자비한 현실 속에서 깨어 있기란 그토록 어려운 것이다.

현실 속에서 깨어 있는 상태를 '중도'라고 한다. 중도는 겉보기에 적당한 타협과 비슷해 보이나 내면을 들여다보면 하늘과 땅만큼의 차이가 있다. 중도는 진리로 나아가는 치열한 물음의 과정이다. 나의 몸이 비록 현실에 갇혀 있을지라도 순간순간 자신의 행위가 생명의 요구에 옳게 반응하고 있는 것인지 되물어보는 것이다.

이것은 현실과 이상 사이에서 어찌 할지 몰라 고뇌하는 것과는 다른 차원이다. 다른 말로 하자면 일종의 '수행'이라고 할 수 있다. 내가 자동차를 타고 다니는 사실 자체만으로 곤혹스러워할 것이 아니라 자동차를 타고 있는 내가 지금 이 자리에서 생태적으로 각성이 되어 있는지를 늘 물어보자는 것이다. 이것은 생태적이고 저것은 생태적이 아니다라고 하는 이분법에 사로잡혀 자신의 행위를 통제하려다가는 어느 날엔가 (반反이 아니라) '비(非)생태적인 반대자'로 남아 있는 자신을 발견하게 될 것이다.

생명은 잠시도 쉬지 않고 흘러가면서 무한한 다양성으로 그 모습을 드러낸다. 이분법으로는 생명의 이 변화무쌍함에 대응할 수가 없다. 늘 깨어 있는 상태에서 똑바로 바라보는 수밖에 없다. 개인의 깨달음이 사회적으로 어떻게 표현되는가는 그 누가 간섭할 일이 아니다. 이제부터는 '고뇌하는 지식인'으로부터 벗어나 '수행하는 지식인'으로 나아가야 한다. 생명운동을 하는 지식인들은 사바세계에 피어나는 한 송이 연꽃이어야 한다.

잃어버린 강변

서울의 중랑천과 청계천이 합류하여 한강 본류와 만나기 직전의 너른 강변에 '살곶이 다리'라는 아름다운 돌다리가 있다. 이 다리는 어린 시절 내 기억 속에 각인된, 이 땅의 강과 들이 인간과 교류하여 만든 흔적의 원형이다. 태조 이성계의 설화가 얽혀 있는 다리이고 보면 적어도 5백 년이 넘게 다리 근처의 지형이 크게 변하지 않았음을 알 수 있다.

살곶이 다리 근처에서 태어난 나는 나이 50이 넘도록 여전히 그 언저리를 벗어나지 못하고 있다. 부모형제들도 여전히 그 언저리에서 살고 있거니와 외지에 있다가도 한 번씩은 와보아야 스산한 마음이 가라앉는 곳이다. 그 다리가 지금도 있기는 있다. 그러나 있기는 있되 도저히 접근할 수 없는 다리가 되어버렸다.

주위가 모조리 자동차 도로로 둘러싸여 있기 때문이다. 그뿐이 아니다. 물줄기를 일직선으로 만들어서 물과 뭍이 만나는 자리는 모두 시멘트 블록으로 덮어놓았다. 멀리서 차를 타고 다니면서 보기에는 좋을지 모르겠으나 강가에 서서 바라보면 삭막하기 그지없다. 사람이 보기에도 이렇게 삭막한데 이곳을 보금자리 삼아 살고 있는 물고기와 새를 비롯한 온갖 생물들에게는 어떨까? 강물의 흐름이 만들어놓은 자연스러운 경계선을 지켜주기가 그토록 어려웠을까?

나의 유년시절의 놀이 공간은 상당히 넓었다. 살곶이 다리를 중심으로 북으로는 장안벌에서 남으로는 지금의 성수대교 앞 모래톱을 지나 뚝섬에까지 이르렀다. 그러니까 중랑천 하류에서 뚝섬 언저리까지의 강변이 나의 놀이무대였던 셈이다.

한강과 그 지류, 그리고 그 곁에 드넓게 펼쳐진 강변의 들판이 내가 머리가 굵어져서 도시의 허섭스레기들에 관심을 가지게 될 때까지 나의 생태적 감수성을 일깨워준 모태였다. 천변에서 고기를 잡고 놀다가 배가 고파지면 근처의 채소밭에서 주인 몰래 무를 뽑아 베어 먹던 그 기억이 나이가 들수록 또렷해지는 건 왜일까? 구름이 잔뜩 낀 날 동무들과 천변으로 고기를 잡으러 갔다가 하늘에 구멍이 난 듯 쏟아지는 소나기를 알몸으로 맞으며 느꼈던 그 해방감을 생각하면 지금도 몸서리가 쳐진다.

30년이 흐른 뒤 자동차를 타고 추억의 그 강변을 달린다. 아, 저 자리는 내가 그 옛날 뱀장어를 잡던 곳이고 그 너머는 발가벗고 수영을 하던 곳인데……. 그러나 그저 안타까운 생각일 뿐 도저히 거기까지

가서 추억에 잠길 만한 분위기가 아니다. 내가 걸어다녔던 장안벌에서 뚝섬에 이르는 강변은 모조리 이중 삼중의 도로로 철벽을 구축해놓아 접근할 수도 없을뿐더러 설사 목숨 걸고 도로를 횡단하여 겨우 여자아이 치마폭만 한 강변에 서보아야 시속 1백 킬로미터로 질주하는 자동차 굉음에 현기증만 날 것이다. 한마디로 한강의 자연스러운 강변은 모조리 자동차라는 괴물에게 먹혀버리고 말았다.

강변도로를 달리는 사람들에게 강변은 시내의 복잡한 도로를 피하여 목적지까지 조금 더 빨리 갈 수 있다는 '편리'를 베푸는 것 외에 아무런 의미를 가지지 못한다. 자연 그대로의 강변이 지니는 생태적, 정서적 가치가 보다 빠른 이동을 추구하는 시간적 가치에 속절없이 밀려나고 만 것이다. 그렇다면 강변도로를 이용해서 목적지에 빨리 도착한 만큼 갖게 된 시간의 여유에서 강변의 상실로 인해 잃어버린 가치들을 보상받을 수 있을까? 결코 그렇지 않다는 것은 그 길을 달려본 사람들 자신이 더 잘 알 것이다.

현대 도시인에게 있어 더 빨리 달린다는 것은 생산과 소비의 주기를 더 단축시킨다는 의미이기도 하다. 짧은 시간에 부지런히 생산하여 허겁지겁 소비하기에 바쁜 도시인은 쳇바퀴에 올라탄 다람쥐와 같다. 도무지 그 사이에 생태적 감수성이니 낭만이니 하는 것이 끼어들 틈이 없다. 생산과 소비를 증대시키기 위해 더 많은 도로를 만들어 그나마 남아 있는 자연환경을 훼손하고 결국은 매연과 소음 속에서 건강까지 망치게 된다.

　참으로 가련하기 짝이 없다. 교통 신호등마저 없는 강변도로는 일단 갇히고 나면 달리지 않을 수 없는 롤러코스터이다. 거기서는 자신이 원치 않는다고 하여 뛰어내릴 수도 정지할 수도 없다. 아무리 멋진 경치가 앞에 펼쳐져 있어도 그것은 도로를 위한 배경일 뿐 차 안에 있는 나와는 아무런 상관이 없다. 나는 그저 아슬아슬하게 스쳐 지나가는 차들에게 받치지나 않을까 조마조마할 뿐이다. 긴장 속에 운전하느라 그 멋진 경치를 다 놓치고 집에 돌아온 가련한 도시인은 TV를 켜놓고 자연 다큐멘터리를 본다.

　강변이 사라진 도시에 살고 있는 사람들에게 또 하나의 치명적인 약점은 출발점과 도착점만 있을 뿐이지 과정이 없다는 것이다. 과정은 되도록 짧을수록 좋고 없으면 더 좋다. 컴퓨터를 열고 클릭만 하면 찰나에 원하는 결과를 얻을 수 있는 정보화 시대에 걸맞은 생활방식이다. 이것은 순간순간의 과정 자체가 시작이자 끝과인 자연의 존재방식과는 거리가 멀다. 새치기, 날치기, 뇌물, 추월, 편법, 무단복제, 위장전입, 강제지정, 불법대출, 카드빚 등 신문지상을 더럽히고 있는 사회 문제들은 거의가 과정을 무시하고 결과만을 중시하는 사회풍조가 빚어낸 우리들의 슬픈 자화상들이다.

　어린 시절 족대그물을 어깨에 메고 뚝방길을 터덜터덜 걷는 내 마음

속에 목적지까지 더 빨리 가야겠다든지 물고기를 얼마만큼 잡아야겠다든지 하는 목표의식일랑은 어디에도 없었다. 그저 흐르는 강물과 너른 들판과 발밑에 밟히는 풀의 촉감이 너무도 좋았을 뿐이다. 피라미 몇 마리밖에 못 잡으면 어항에 넣어 길렀고, 메기라도 두엇 걸리면 매운탕을 끓였다. 생존경쟁에 시달리고 있는 어른들에게는 언제고 떠올릴 수 있는 아련한 추억이겠지만, 우리 아이들은 어디에 가서 무엇을 가지고 추억을 만들어야 할까?

조각난 풍경

초현실주의 사진전에 가보면 멀쩡한 풍경사진을 조각내어 관객의 눈으로 재구성하여 보게끔 만들어놓은 작품을 볼 수 있다. 따로 노는 건물과 도로와 산을 마치 퍼즐을 짜맞추듯이 보는 사람이 맞춰보아야 한다.

우리는 유명하다는 국내의 관광명소를 방문할 때마다 곧잘 이러한 퍼즐 맞추기의 당혹스러움에 맞닥뜨리곤 한다. 어디를 가나 마찬가지이지만 풍경을 조각내는 주범은 널따란 자동차 도로와 주차장, 그리고 요금을 받기 위해 둘러친 높은 담이다. 관광객을 더 많이 신속하게 모시겠다는 발상이겠지만 그러한 획일적인 재개발이 관광객을 사로잡는 역사적 풍경과 정취를 깡그리 없애버리고 만다는 것을 알고 있기나 한지 모르겠다.

이몽룡과 성춘향의 러브스토리로 유명한 남도의 예향 남원을 보자. 도시 외곽에서 광한루에 이르기까지 시원하게 뚫린 8차선 아스팔트 도로와 시멘트로 온통 칠갑을 한 하천부지가 우선 풍경을 압도한다. 직강공사를 마친 하천은 마치 콘크리트 수조에 담긴 저수지처럼 보인다. 주차료와 입장료를 따로 지불하고 높게 둘러친 담 안으로 들어가면 그 넓은 공간에 '호남제일루'라고 하는 광한루가 하나 달랑 서 있다. 물론 구석진 곳에 춘향의 사당과 월매의 집을 구경 삼아 만들어놓았지만 별다른 구경거리는 아니다. 관광객들은 하릴없이 오작교 위에 서서 잉어 구경만 하다가 나오는 수밖에 없다. 땅을 칠 노릇이다.

생각만 같으면 이 모든 것을 다 부숴버리고 30년 전의 남원으로 되돌려놓고 싶다. 적어도 그 옛날의 남원은 광한루와 주변의 오밀조밀한 민가들, 그리고 그 앞의 개천과 야산이 잘 어우러진 한 폭의 민속화였다. 광한루에 올라 오작교를 오가는 사람들을 바라보다가 내려와 조금 걷다 보면 주민들의 정겨운 삶을 들여다볼 수 있었다. 졸졸 흐르는 시냇물 사이 풀밭을 걷다 보면 산기슭 외딴 곳에 정자가 있었고 거기에서는 풋내기 소리꾼이 고수와 더불어 소리연습을 하고 있었다. 이 모든 요소들이 하나가 되어 남원이라는 특별한 풍경을 그리고 있었던 것이다.

모름지기 풍경이란 그 안에 들어 있는 자연적·인위적 요소들이 시간의 흐름 속에 최적의 자리를 잡아가는 과정의 한 단면이다. 이 과정에서 가장 중요한 것은 자연스러운 연속성이다. 개개의 요소들이 자연스럽게 연결되어 하나의 큰 그림이 만들어지는 것이다. 굳이 '경관생태학'이라는 어려운 용어를 사용하지 않더라도 지금과 같은 관광 개발은 정신의 빈곤 외에는 아무것도 아니다. 오로지 자동차를 타고 오는 도시의 관광객들에게서 입장료 챙겨먹을 생각만 하지 진정 무엇이야말로 보고 느낄 거리가 되는지에 대해서는 아무런 생각이 없다.

　차라리 입장료를 받기 위해 둘러친 담장을 허물고 유럽의 관광명소처럼 도시 자체를 보존 개발하는 것이 수익 차원에서나 도시생태학적 차원에서나 훨씬 가치가 있다. 광한루라는 누각 하나가 빚어내는 아름다움은 한번 보고 나면 그만이다. 그러나 광한루를 중심으로 펼쳐져 있는 지역주민의 삶과 주변의 연속적인 풍경이 하나로 어우러지게 되면 이야기가 달라진다. 방문객들은 조화로운 풍경이 자아내는 '기(氣)의 흐름' 속에 동화되어 콘크리트 정글에서는 느껴보지 못했던 새로운 경험을 하게 되는 것이다. 비싼 기름을 버려가며 이 멀리까지 와서 관광객의 호주머니만 노리는 듯한 어설픈 도시를 만난다면 실망도 이만저만이 아닐 것이다.

　발음이 신통치 않아서 곧잘 우스갯소리의 주인공이 되었던 한 전직 대통령은 어느 자리에선가 대한민국을 관광공화국으로 만들어야 한다고 역설한다는 것이 그만 '강간공화국'이라고 말해버려서 웃음바다가 되었다고 하지만, 나는 그때에도 웃지 않았다. 이런 식의 관광 개발은 지역주민의 삶과 자연에 대한 '강간'에 다름 아니었기 때문이다.

벗겨야 산다

오해하지 마시라. 요즘 유행하는 연예인 누드 이야기가 아니다. 시멘트로 뒤덮인 우리 땅 이야기이다. 지난주에 농촌실태를 조사하기 위해 남도의 한 시골을 방문하게 되었다. 마을에 들어서자 수년 전에 안면을 튼 적 있는 동네 어르신께서 반갑게 맞아주신다.

어르신은 인사를 마치자마자 달포 전에 아들이 새집을 지어주었다며 자랑스러운 표정으로 내 손을 잡아끈다. 알루미늄새시와 문짝을 달고 붉은 벽돌로 외장을 한 시멘트 슬레이트 집이었다. 1970년대 이래로 농촌의 풍경을 삭막 그 자체로 몰아넣은 그렇고 그런 집이다. 30년을 넘게 보아왔으니 이제 정이 들 만도 한데 그러기는커녕 볼수록 서걱거릴 뿐이다.

집은 그렇다 치고 문제는 마당이었다. 귀퉁이에 화단 하나 없이 시멘트로 완전히 봉해버린 것이다. 그것을 보는 순간 숨이 컥 막히는 것 같았다. 아아, 이제 우리 농민들도 흙 밟는 일에 진력이 난 모양이다! 시멘트 마당에서 나와 논밭에 이르기까지 길이란 길은 모두 시멘트로 포장이 되어 있고 논에서도 트랙터나 이앙기를 타고 일을 하니 흙을 밟을 일이 거의 없어진 것이다. 그 옆의 교회당은 어떨까 싶어서 들여다보았으나 사정은 마찬가지였다.

흙 밟을 일이 없어진 농촌이 농촌인가 하는 우울한 생각을 하며 서울로 올라와 미아리에 있는 한 수도회 본부를 찾았다. 인사할 일이 있어서였다. 서울이니까 그러려니 했지만 그래도 이곳은 좀 심했다. 상당히 넓은 면적의 마당과 길을 모조리 시멘트로 덮어놓은 것이다. 시멘트에서도 종교적 영성을 느낄 수 있는 특이한 능력을 가진 수도자들이 모여 사는가 싶었다. 자동차가 다니는 통로만 포장하고 나머지는 그대로 두거나 풀밭으로 만들면 훨씬 정감 있는 공간이 될 터인데 그럴 여유와 생각들이 없었던 모양이다.

언제부터인가 이 나라에는 경제적이고 편리하다는 이유로 조상 대대로 전해 내려온 미적 가치와 생태관념을 외면하고 천박한 상업문화를 추종하는 관습이 생겼다. 도시야 그런 반생태적인 기운들이 모이고 쌓여서 그렇다 치더라도 시골에서마저 그런 도시의 행태를 따라가는 것은 서글프기 짝이 없는 일이다. 배부른 소리 마라 할지 모르겠으나 저 남아시아나 동남아시아의 농민들은 우리보다 훨씬 가난하게 살면서도 여전히 생태적 품위를 유지하며 살고 있다.

마당에 놓인 바윗돌 하나, 나무 한 그루라도 마치 한 식구인 양 살갑게 돌보며 그 주위를 예쁜 풀과 꽃으로 단장했던 조경의식은 어디로 가고 도대체 어디에서 이렇듯 시멘트로 도배질하는 문화가 비롯되었을까? 모르긴 몰라도 이는 분명 획일주의적 군사문화와 편리하고 번쩍거리는 것을 선호하는 천민자본주의가 합작하여 만들어놓은 것일 게다. 지금까지 진행된 인류 역사를 보더라도 이 두 가지야말로 지구 생태계를 위험에 빠뜨린 장본인이라 하지 않을 수 없다.

군사주의는 전쟁을 통하여 평화로운 시기에는 상상도 못 할 자연파괴를 저지른다. 평화로운 시기라 할지라도 군사주의가 생태계 보존에 나섰다는 이야기는 들어본 일이 없다. 군사주의 자체가 적과 적이 살고 있는 환경을 가장 효과적으로 파괴하기 위하여 만들어진 것이기 때문이다. 천민자본주의는 단시간 내에 최대한의 이윤을 뽑아내기 위해 고안된 체제이다. 따라서 여기에는 인간과 자연에 대한 최대한의 착취와 이용만 있을 뿐이다. 이러한 성격을 가진 군사주의와 천민자본주의가 결합하여 국민을 사로잡고 있으니 국민소득이 높아진들 삶의 질이 나아질 리 없고, 생태환경이 좋아질 리가 없다.

농가 마당을 뒤덮은 시멘트 덩이를 보며 군사주의와 천민자본주의를 떠올린 것이 과민한 반응일지 모르겠지만 우리가 그러한 세월을 살아온 것은 틀림없는 사실이다. 이 부정적 유산을 극복하는 것이 우리 후손들이 생태적으로 건강하고 사회적으로 건전한 환경 속에서 살 수 있는 전제조건이라면, 그것을 시멘트 벗겨내는 일에서부터 시작하면 어떨까? 연예인들을 벗겨서 이득을 보는 이들은 천민자본주의를 추종

하는 일부에 지나지 않지만, 이 땅의 시멘트는 벗기면 벗길수록 많은 이들이 혜택을 볼 것이다.

참다운 숲 살리기

차를 타고 지방 국도를 달리다 보면 나무숲을 면도하듯 싹 밀어 버리고 잘라낸 나뭇가지들을 줄 맞추어 쌓아놓은 산들을 볼 수 있다. 시퍼런 숲이 갑자기 단절되어 보기도 흉할뿐더러 산사태나 토사 유출이 심각하게 걱정되지 않을 수 없다. 산림용어로 수종갱신(樹種更新)을 위한 개벌(皆伐)이라는 것이다.

수종갱신은 불량형질목이 60퍼센트 이상 되는 일정 구역을 모조리 베어내고 새로운 수종의 나무를 심는 것을 말한다. 또한 나무를 베더라도 그 구역이 보전 임지인지 또는 생산을 위한 임지인지 또는 풍치와 경관을 위한 임지인지에 따라 벌목의 방법과 정도가 달라진다. 그러나 현재 우리나라 전역에서 행해지고 있는 수종갱신은 명확한 구별 없이 수령이 차지도 않은 숲에 고사목이나 병충해가 생겼다고 하여 무조건 싹쓸이하듯 나무를 베어내고 있는 실정이다.

대개 산림조합이나 일반업자에게 벌목을 맡기는데 이들은 한 그루라도 더 베어내어야 수입이 늘기 때문에 산림의 조건이나 개별 나무의 특징 따위는 아랑곳하지 않고 대상 지역의 나무를 모조리 베는 경향이 있다. 아무리 나무가 필요해서 벤다고 해도 숲이 지니고 있는 생태적 기능을 무시하고 무조건 잘라서는 안 된다. 간벌의 경우 30퍼센트 이상은 베어낼 수 없는 규정이 있으므로 그 우려가 덜하지만 수종갱신용 개벌은 산림생태에 심각한 파괴를 가져올 수 있어 좀 더 신중하게 접근해야 한다.

요사이 내가 살고 있는 전라남도 영광군에서 벌어지고 있는 수종갱신의 행태를 관찰한 결과 정말 이런 식으로 벌목을 해서는 이 땅에 남아날 산림이 없다는 생각이 들었다. 산림이 생태환경적으로 왜 중요한지는 여기에 구구이 설명할 필요도 없을 것이다. 상식적으로 알고 있는 것으로도 충분하니까. 그러나 벌목업자들은 그런 상식이나 전문지식을 전혀 갖고 있지 않은 듯이 행동한다.

예컨대 개울가에 있는 자연림이나 경사가 심한 지형의 나무들, 그리고 경관이나 지세(地勢)상 꼭 필요한 고목 등은 절대로 베어서는 안 된다. 또한 개벌을 하더라도 일정 간격으로 나무를 남겨놓고 베어야 토사유출이나 여름철 홍수에 대비할 수 있다. 군청의 산림녹지과에 의하면 수종갱신이라도 1헥타르당 3백 본의 나무를 남겨놓도록 지도하고 있다는데 이런 규칙을 지키는 업자는 거의 한 사람도 없다. 직접 산에 올라가서 확인해보면 알겠지만 그야말로 민둥산을 만들어놓고 있는 상황이다.

더욱 문제가 되는 것은 겨울철이 되어 군에서 산에 사냥허가를 내주고 있다는 것이다. 길거리 곳곳에 사냥인들의 방문을 환영한다는 플래카드가 붙어 있는 것을 보면 지방자치단체의 꽤 중요한 수입원이 되고 있는 모양이다. 사냥도 누구나 즐길 수 있는 취미활동이니만큼 제3자가 무어라 할 수는 없지만 만약 지방자치단체가 지속적으로 그러한 수입원을 확보하려면 동물들의 서식처인 숲의 보전에 만전을 기하면서 사냥허가를 내주어야지 지금처럼 민둥산으로 만들어 동물들을 다 쫓아내서는 제 발등에 말뚝박기가 되고 말 것이다.

그렇다고 산에서 나무를 절대로 자르지 말자는 얘기가 아니다. 지난 몇십 년 동안 집중적인 산림녹화사업을 한 결과 우리 산에는 나무가 꽤 우거져 있는 상태이다. 문제는 산림의 관리이다. 지금 수종갱신이 허가된 지역을 보면 나무를 심어놓고 수십 년 동안 방치해두어 나무들이 서로 얽히고 치여 고사목이 발생한 곳이 많다. 제때에 간벌을 하지 않고 방치해두었다가 산림이 못쓰게 되었다면서 모조리 베어낸다면 애초에 무엇 때문에 나무를 심었는지 알 수 없다. 그런 지역은 간벌을 하기에도 애매하다. 나무들이 젓가락처럼 길게 서 있어 간벌을 해서 공간을 확보해주면 오히려 바람에 쓰러질 확률이 더 높기 때문이다. 어떤 때는 이 사람들이 일부러 개벌을 하기 위해 산림관리를 소홀히 하고 있는 것이 아닌지 의심이 들 지경이다.

그렇다면 산림 관리의 주체는 누구인가? 물론 산주(山主)이다. 산주가 주체이되 산림청과 지방자치단체의 산림녹지과가 지도감독의 의무를 가지고 있다. 문제는 국공유림을 제외하고는 대부분의 산주들이 도시에 거주하고 있는 부동산 부자들이기 때문에 자기 임야의 땅값이 얼마나 오르냐가 관심이지 산림 보존이나 생태환경의 회복에는 관심이 없다는 것이다.

사정이 이렇다 보니 정부가 국민의 세금으로 벌목비용을 대주어가면서 산림조합과 벌목업자를 끌어들여 '숲 가꾸기'에 나서고 있다. 이런 구조 아래서 벌목꾼들이 자기 숲을 가꾸듯이 나무를 잘라낼 것이라고는 도저히 생각할 수 없다. 실제로 내가 아는 한 벌목업자는 자기가 임야 2만 평을 가지고 있는데 그곳에 온갖 나무와 꽃들을 심어 멋지게 가꾸어놓았다고 자랑이 이만저만이 아니다. 그러나 남의 산에 나무를 베러 갈 때는 인정사정 보지 않는다.

산림 관리의 주체가 바뀌어야 한다. 어차피 도시에 앉아 있는 산주는 관심이 없고, 기존의 산림조합이나 벌목업자들은 믿을 수가 없다. 산림녹화를 담당하는 공무원들은 그저 욕만 듣지 않을 정도로 관리하는 시늉만 내면 된다. 산림환경이 파괴되면 가장 먼저 피해를 입는 사람들에게 산림 관리의 주도권이 쥐어져야 한다. 바로 지역주민들이다.

대부분의 산림은 지역주민과 문중의 소유였으나 오랜 세월 격심한 부침을 겪는 동안 외지인들에게 그 소유권이 넘어가 이제는 지역민이라 해도 온통 남의 땅에 둘러싸여 살고 있는 처지가 되었다. 예전에는 산에 올라가 땔나무도 하고 꿀도 베고 버섯도 재배하고 했지만 지금은 산주의 허락을 받아야 산에 오를 수 있다. 사정이 이러니 산이 망가지건 어찌 되건 간에 남의 문제가 되어버린 것이다. 그러나 그 피해는 지역주민들이 고스란히 입을 수밖에 없다.

이제부터라도 지역 NGO와 산림환경 전문가, 지역주민들이 하나가 되어 지역공동체 차원에서 산림을 관리할 수 있는 시스템을 개발해야 한다. 이미 세계 여러 나라에서 'Community Forest Management(지역주민에 의한 산림관리)' 같은 제도가 개발되어 많은 성과와 사례가 보고되고 있다. 내 고장 산에 무엇이 자라고 있고 어떤 나무가 어떻게 소용되는지는 지역주민이 가장 잘 알고 있다. 나무를 베더라도 그런 지식과 정보에 바탕을 두고 베어야 산림생태를 보존할 수 있지 외지인이 와서 오로지 돈을 목적으로 벌목을 하면 그것은 관리가 아니라 파괴로 이어질 수밖에 없다.

일부 지역에서 송이버섯을 생산하기 위해 이와 비슷한 제도를 시행하고 있는 것으로 안다. 그러나 그것 역시 송이라는 환금성 자원을 최대한 확보하기 위해 취한 조치이지 산림의 자연생태와 지역민의 복지를 종합적으로 고려한 산림 관리는 아니다. 산은 그냥 자연의 것도 산주의 것도 아니다. 사람과 자연이 공생하되 지역민의 민생과 복지가 우선적으로 고려되는 방향에서 관리되어야 한다.

내가 사는 땅의 주인은 누구인가

선진국으로 가는 길목에서 우리가 가장 관심을 가지고 실천해야 할 덕목은 무엇일까? 정부는 개인소득 2만 달러 시대를 앞당기기 위해 총력을 기울이자고 틈날 때마다 다짐을 해보지만, 글쎄 국민소득이 올라간다고 해서 자동적으로 선진국이 되는 것일까?

물론 국민소득이 높은 나라일수록 대체로 국민들의 시민의식이 높은 것은 사실이지만 그것이 저절로 그렇게 된 것은 아니다. 소득 수준의 향상과 함께 내부적인 문화의식이나 공동체의식을 향상시키기 위하여 많은 노력이 있었다는 것은 그들 나라의 역사를 살펴보면 금세 알 수 있다. 예컨대 석유나 특정 자연자원 덕으로 수만 불의 국민소득을 자랑하는 나라들을 두고 선진국이라고 부르지 않는 이유는 그들 나라의 사회구조와 시민의식이 높은 국민소득을 따라가지 못하기 때문이다.

우리 사회의 시민의식이 지난한 민주화 투쟁과 시민운동을 거치면서 꽤 높아졌다는 것은 주지의 사실이다. 그러나 그것은 과거와 비교해볼 때 어느 정도 그렇다는 것이지 자세히 들여다보면 여전히 가야 할 길이 멀다는 것을 어디에서고 확인할 수 있다. 쓰레기 투기 하나만 보더라도 그렇다. 길거리에 쓰레기통이 잘 안 보이기에 여기저기 물어보니 시민들이 자기 집에 있는 쓰레기를 거리의 쓰레기통에 내다버리는 통에 아예 없애버렸다고 한다.

한번은 서울 인근에 있는 한 농장을 방문했다가 충격적인 광경을 보고 농장주와 함께 치밀어오르는 분노를 삭이지 못해 발을 동동 구른 일이 있다. 간밤에 어떤 몰상식한 자가 농장 한구석에 치우기 곤란한 음식물 쓰레기를 한 트럭이나 부려놓고 가버린 것이다. 자세히 들여다보니 유통기한이 지난 포장식품인데 절반가량은 부릴 때 터지는 바람에 썩은 음식물 냄새가 코를 찌르고 있었다.

그뿐만이 아니다. 서울이건 지방도시건 길을 걷다 보면 도로와 택지 사이에 있는 녹지가 제대로 관리되지 않은 모습을 종종 보게 된다. 화단 안에 나무만 앙상하게 서 있을 뿐 온갖 쓰레기가 어지럽게 나뒹구는가 하면, 사람들이 하도 짓밟아서 맨땅이 흉하게 드러나 있기도 하다.

어째서 우리는 자기 집 마당만 벗어나면 이렇듯 야만인이 되고 마는 것일까? 여러 가지 원인분석을 할 수 있겠지만 나는 이것을 '지역 공동체의식'이 부족하기 때문이라고 본다. 한국 사회는 급격한 경제발전을 통하여 마을 공동체에서 하루아침에 현대적인 경쟁사회로 전환이 완료된(일부는 아직도 진행 중인) 사회이다.

현대사회의 가장 큰 특징은 개인과 가정이 철저히 파편화되고, 이렇게 파편화된 개인과 가정을 방대한 관료제도로써 다스리는 것이다. 공동체로부터 떨어져나온 개인은 죽어라고 돈을 벌어 세금이라는 형태로 관료제를 살찌우고, 관료제도는 주민들의 삶의 조건을 '살 만하게' 만들어준다.

여기서 우리는 두 가지 치명적인 결함을 발견한다. 하나는 주민들의 '주체의식 결여'이고, 또 하나는 '관료주의의 횡행'이다. 사실 이 둘은 한 가지의 두 측면이다. 주체의식이 결여되어 있으므로 관료주의가 판을 치거나, 아니면 관에서 다 해버리니까 주체의식이 희박해지는 것이다. 대부분의 주민들은 가족의 생계를 위한 활동에 전념하고 나머지는 모두 관치(官治)에 맡겨두는 것으로 이 사회가 잘 돌아간다고 믿는다. 실제로 늘 먹고살기가 여유롭지 못하다 보니 그런 경향이 자연스럽게 굳어진 감이 없지 않다.

그런데 생활환경 개선이라는 문제에 국한시켜볼 때 주민들의 주체의식이 부족한 것은 지난 시절 정부에 의해 전국적으로 행해졌던 새마을 운동의 탓이 크다. 자기가 사는 동네의 환경개선이 주민의 발의와 아이디어에서 비롯되는 것이 아니라 관에서 계획하고 주도하는 식으로 되어버린 것이다. 그러다 보니 길거리에 함부로 쓰레기를 버려도 관이 알아서 치워주겠지, 집 근처 도로변에 녹지가 훼손되어도 관이 알아서 보수하겠지 하는 안이한 마음을 갖게 된다.

이런 식으로 관에 의해 일방적으로 관리된 전국의 환경미화는 어딜 가나 똑같은 모습을 하고 있다. 똑같은 나무에 똑같은 잔디에 똑같은 화초에 똑같은 형태의 화단. 지역의 특성이나 지역주민의 특별한 취향은 어디에서도 찾아볼 수가 없다. 이것도 그나마 관이 알아서 잘 관리한 경우에나 그렇다는 말이다.

국민소득이 높아지고 세금이 잘 걷혀서 관료제도가 잘 돌아간다고 하여 주민들의 삶의 질이 높아지는 것은 아니다. 나의 삶, 우리가 사는 삶의 조건을 누가 대신해 만들어준단 말인가? 삶의 질은 자신이 원하는 것을 스스로의 노력으로 이룰 때에야 높아지는 것이지, 남이 아무리 뻔쩍거리는 것을 가져다놓는다 한들 자신이 진정 원하는 것이 아닌 한 내 삶의 질과는 아무런 상관이 없다.

생활환경의 개선은 그것과 관계되는 모든 인자가 동등하게 참여하여 만들어나가되, 현장에 살고 있는 지역주민들이 주체가 되어야 한다. 관은 전체적인 계획과 자금지원, 인프라 구축에 책임을 지고, 실제적인 작업과 아이디어는 지역주민들에게서 나와야 한다. 그래야 지역마다 특색 있는 디자인과 색깔이 나온다. 그래야 지속적인 관리가 가능해진다. 자신이 만든 것을 함부로 부수고 내팽개칠 리가 없기 때문이다.

유럽의 한 지방 소도시에서 목격한 일이다. 변두리의 한 마을회관

앞에 사람들이 모여 있기에 가보았더니 무슨 건축디자인 전시회를 하고 있는 것 같았다. 자세히 보니 동네 길거리 재개발에 대한 전문가들의 다양한 기획안들을 전시해놓은 것이었다. 한편에는 커다란 백보드 위에 아이들이 그린 것 같은 그림들이 어지럽게 붙어 있었다. 거기에 전문가에서부터 마을 아이들까지 지역 개발에 관심이 있는 사람이면 누구든지 자신의 의견을 표현해놓았다. 사람들은 깔깔 웃어대며 서로의 아이디어에 대해 의견을 주고받으며 미래의 청사진을 그리고 있었다. 마을회관 안에서는 개발위원회가 열리고 있는지 열띤 토론이 진행 중이었다. 진정한 지역공동체의 모습이었다.

지역공동체 건설은 불가능한 일이 아니다. 마을 전체의 재개발처럼 큰 규모의 사업은 그만큼 관계되는 요소도 많고 의사결정 과정도 복잡하지만, 마을 앞 녹지계획이나 어린이 놀이터, 또는 마을텃밭 만들기 같은 것은 비교적 쉽게 저지를 수 있는 일이다. 되도록 쉬운 일을 잡아 성사시키게 되면 그 과정을 통해 자신감이 생길뿐더러 자기 지역에 대한 애착심, 즉 지역공동체의식이 자라게 된다. 이렇게 하여 생겨난 공동체의식을 바탕으로 지역의 크고 작은 일들을 하나씩 해결해나감으로써 자연스레 풀뿌리민주주의가 정착되고 정치의 지역화가 뿌리를 내리게 된다.

우리의 경우, 지역 숙원사업이라고 하면 주민들은 감히 어찌해볼 엄두도 못 내고 기껏해야 지역의 국회의원이 중앙에 뻔질나게 드나들면서 어렵사리 예산을 따오면 관에서 집행하는 식으로 전개되고 있는 실정이다. 이 과정에 주민의 자발적 참여나 공동체의식의 개발 같은 것은 끼어들 여지가 없다. 오로지 권력의 줄다리기와 허구에 찬 대의민주주의만이 있을 뿐이다. 참된 민주주의의 발전과 지속가능하면서도 특색 있는 지역 개발, 그리고 수준 높은 시민의식의 형성은 오로지 지역주민들이 주체가 된 공동체적 지역 개발을 통해 가능하다.

생명의 성스러운 근원의 상품화

지구상에 대한민국 국민처럼 땅땅거리며 사는 사람들은 별로 없을 것이다. 마치 땅을 확보하는 것이 삶의 목표인 양 온 신경을 땅에 묻어두고 산다. 땅을 소중히 여기는 것은 좋은 일이다. 그러나 한국인들이 땅을 소중히 여기는 이유는 '생명의 모태'로서가 아니라 오로지 땅이 가지고 있는 '상품가치' 때문이다.

나는 지난 1년 동안 적당한 귀농지를 찾아 국토의 여기저기를 기웃거렸다. 인구에 비해 좁은 나라이기는 하지만 땅값이 비싸도 너무 비쌌다. 교통이 편리한 곳에 있는 농지는 쳐다보지도 않고 산속의 한계농지나 임야만을 둘러보았는데 땅이 좀 평평하다 싶으면 값이 터무니없이 비쌌고 값이 좀 눅다 싶으면 집 한 채 들이밀 데 없는 경사지였다.

영동고속도로와 중앙고속도로의 관통으로 교통이 좋아진 강원도 산골은 웬만한 골짜기와 산마루가 전부 도시 사람들의 투기지가 되어 버렸다. 전기도 안 들어오는 산속 냇가의 땅을 평당 10만 원, 20만 원 달란다. 산을 몇 개씩 넘어야 하는 골짜기인데도 물어보면 5만 원 아래가 없었다. 땅의 소유주를 알아보면 거의가 서울 사람들이다. 서울은 지리적으로도 대한민국을 지배하고 있었다.

정부는 올해 처음으로 서울의 아파트 평당 분양가격이 2천만 원을 넘어섰다고 발표했다. 서울의 강남에는 평당 분양 가격이 3천만 원이나 하는 아파트도 있단다. 한 평 되는 방바닥에 최고액권인 만 원짜리를 빈틈없이 깔아도 258만 원밖에 안 된다. 이쯤 되면 서울 사람들은 땅이 아니라 돈방석 위에서 잠을 잔다고 해도 과히 틀린 말은 아니다. 이들에게 있어 땅이란 돈을 만들어내는 요술방망이일 뿐 다른 의미는 모두 부차적인 것에 지나지 않는다.

이렇게 땅값이 비싼 서울지역에서 부동산 투기를 통하여 돈을 거머쥔 서울 사람들이 이번엔 시골로 내려가 돈이 될 만한 땅이란 땅은 다 사들인다. 그렇지 않아도 농사를 지으면 지을수록 빚만 늘어나는 형편에 처해 있던 농민들은 마지막 탈출구로 농촌에도 투기열풍이 불어 땅값이 오르기만을 기다리게 된다. 하다 하다 안 되면 비싼 값에 땅을 팔고 도시로 뜨는 수밖에 더 있냐는 것이다.

상황이 이렇다 보니 정작 귀농을 원하는 사람들에게 토지 마련은 지난한 문제가 되어버리고 말았다. '살농(殺農)' 정책으로 농촌이 텅 비어 이제야말로 농촌으로 들어갈 절호의 기회라고 생각하고 있었는데 터무니없이 올라버린 땅값이 앞을 가로막고 있는 것이다. 오늘도 땅 찾기에 실패하고 허탈한 심정으로 서울로 돌아가는 고속도로를 달리며 생각에 잠긴다. 그렇다! 국민 모두가 경제성장의 상징으로 생각하고 있는 고속도로, 문전옥답과 아름다운 산허리를 무참하게 짓밟고 들어선 이 고속도로야말로 땅값을 터무니없이 올려놓은 주범이 아닌가!

도로가 뚫려 서울과 가깝다는 이유 하나로 하루아침에 땅값이 두 배로 뛰어오르는 경우가 허다하다. 고속도로와 이어진 작은 도로들이 산골짜기까지 파고들어 펜션이니 전원주택이니 하는 것들을 짓는다고 전기도 안 들어오는 지역의 땅값까지 하늘 높은 줄 모르고 오르고 있다. 모든 길은 로마로 간다고 했던가? 대한민국의 모든 길은 서울로 간다. 대한민국의 모든 땅들은 서울로 가는 길 옆에 가지런히 정렬하여 서서 서울만 바라보고 있다. 어서 나를 사주십시오. 어서 나를 사서 여기에 호텔도 짓고, 음식체인점도 짓고, 자동차 대리점도 지어주세요. 그리하여 우리 지역 땅값 좀 올려주세요.

그렇게 땅값이 올라서 행복한 사람은 극소수에 지나지 않는다. 국민의 5퍼센트가 국토의 70퍼센트 이상을 차지하고 있다는 통계가 있다. 소수의 특별한 사람들만 살찌우는 땅값 올리기 정책을 당장 때려치워야 한다. 무엇보다도 땅은 투기의 대상이 되어서는 안 된다. 성당에 있는 성스러운 성물이 투기의 대상이 되었다는 이야기를 들어본 적이 있는가?

땅은 그 이상으로 성스러운 것이다. 모든 생명의 원천이며 잘난 체하는 인간 존재의 근원이다. 스스로의 근원을 상품화하는 어리석음으로부터 벗어나지 않는 한 우리가 누리고 있는 이 문명에는 희망이 없다.

진실로 농민을 걱정한다면

"농사지어본 일도 없으면서 신문 방송에 나와 생태가 어떻고 환경이 어떻고 떠드는 사람들을 보면 화가 납니다. 그 사람들이 말하는 것은 다 도시민들을 위한 것이지 농민들을 위해 하는 말이 아닙니다. 정말로 농민을 생각한다면 생태환경을 얘기할 게 아니라 어떻게 하면 농민의 소득을 올릴 수 있을까를 얘기해야 합니다. 고추에 농약을 치면 위험하다고 얘기할 게 아니라 농약을 두 배로 쳐서 고추 값을 두 배로 받을 수 있다면 농약을 치라고 설득해야 합니다."

농업대학을 나와 상록수의 꿈을 품고 시골에 내려와 농사를 지은 지 20년이 된 한 농부의 울분에 찬 말이다. 얼핏 들으면 화가 나서 되는 대로 내뱉은 말 같지만 곰곰이 짚어보면 우리 농업이 지니고 있는 심각한 문제들이 다 들어 있다.

먼저 사람들에게 농약을 친 농산물은 위험하니 유기 농산물을 사먹으라고 얘기하는 것은 대부분의 농민들이 화학농업을 하는 현실에서 농민들 굶어 죽으라는 소리와 같다. 농민들이 농약을 사용하게 된 것은 자본주의 시장의 확대 추세 속에서 거의 불가항력적인 측면이 있다. 문제를 삼으려면 농업시장을 좌지우지하고 있는 대기업과 농업 희생을 대가로 공산품 수출 정책을 주도한 정부를 탓해야지 전후 맥락을 생략한 채 농약의 위험성과 생태환경 보전을 말하는 것은 또 다른 살농 기도와 같다. 농민들의 요구는 단순하다. 식량을 직접 생산하고 있는 농민의 생계보장 없이는 어떠한 경고나 미사여구도 다 허구라는 것이다.

사실이 그랬다. 지금까지 농업에 관한 얘기들은 모두 국가 경쟁력 강화와 도시민들의 생활안전을 위한 것이었지 진정 농민의 처지에서 이루어진 것은 없다. 지속적인 탈농 정책을 통하여 농촌의 젊은이들을 모두 도시로 불러들여서 공장노동자로 만든 다음 저임금을 이용한 수출드라이브 정책으로 부를 축적한 것이 소위 한국형 경제성장의 모델이다.

정부는 노동자의 저임금을 유지하기 위해 저곡가 정책을 쓸 수밖에 없었고, 농민들은 줄어든 노동력을 가지고 소득을 증대시키기 위해 기계를 사용하고 비료와 농약이 많이 드는 다수확 품종을 선택하지 않으면 안 되었다. 그 결과 수확은 이전에 비해 배로 늘어났지만 과도한 생산비 증가로 인해 농민들의 빚은 오히려 늘어만 갔고, 식품과 토양은 심각하게 오염되어 국민건강을 위협하는 수준에까지 이르게 되었다.

그런데 이제 WTO 협약에 따른 농산물 전면 개방으로 인해 그나마 돈도 안 되는 농사마저 아주 작파해야 할 상황이 눈앞에 닥쳐왔다. 한 농민이 자신의 목숨을 담보로 이러한 상황의 전개를 막아보려 했지만 무역자유화의 대세를 막을 방도는 없어 보인다.

과연 농업이 회생할 길은 없는 것인가? 농가경제와 생태계를 살리면서 동시에 국민들에게 안전한 먹거리를 공급할 수 있는 방법은 없는 것인가? 있다. 그것도 아주 확실하게 있다. 유기농업으로의 전면적인 전환이 그것이다.

1991년 쿠바는 이와 비슷한 위기상황에서 '국가비상사태'를 선포하고 정부와 온 국민이 합심하여 전면적인 유기농업 전환을 시도해서 오늘날 세계에 자랑하는 유기농 선진국가가 되었다. 흔히들 유기농업은 생산성이 떨어진다고 이야기하지만 쿠바의 경우 화학농업을 하던 시절 43퍼센트였던 식량자급률을, 유기농업을 선포한 지 10년 만에 95퍼센트까지 끌어올리는 성과를 내었다. WTO 체제와 상관없는 사회주의 국가의 일이라고 무시해서는 안 된다. 우리는 쿠바의 경험으로부터 유기농업의 전국적인 성공을 위해 정부가 해야 할 일이 무엇이며 시민단체와 농민, 일반 국민들이 어떻게 해야 하는지 풍부한 사례를 읽어낼 수 있다.

그것은 한마디로 소농과 가족농을 중심으로 하는 지역순환 농업체계의 완성이다. 그 과정에서 가장 중요한 것은 토지개혁과 생산자인 농민에 대한 생계보장이다. 혹자는 세계화의 추세를 거스르는 미친 짓이라고 매도할지 모르겠으나 그 길 외에 달리 방도가 없는 것을 어쩌랴.

희망이 없는 곳엔 사람도 없다

"백약이 무효"라는 말이 있다. 온갖 약을 다 써보아도 회생할 기미가 보이지 않을 때 쓰는 말이다. 지금 이 땅의 농촌이 그렇다. 정권이 바뀔 때마다 그럴듯한 공약과 정책을 내걸고 엄청난 예산을 쏟아붓곤 하지만 결과는 늘 거기서 거기다. 왜일까? 잔가지는 다 쳐내고 두 가지만 지적하고 싶다. 하나는 정치인들의 무관심 또는 욕심 때문이고, 또 하나는 농촌에 사람이 없어서이다.

농림부가 그 많은 정부 부처 가운데 찬밥 신세가 된 지 오래라는 건 알 만한 사람은 다 아는 사실이다. 지난 40여 년 동안 오로지 공업입국을 외치며 총력매진해왔으니 그럴 만도 하다. 이러한 분위기 속에서 진정으로 농촌과 농민을 걱정하는 정치인이 나타나기란 어렵다. 당연히 예산 배정에 있어서도 당장에 눈에 띄는 효과가 나올 만한 부처에 돈이 쏠리게 마련이다. 농업에 대한 무관심이 자연스럽게 묵인된다.

그러나 선거 때가 되면 갑자기 예산이 늘어난다. 무관심이 욕심으로 변했을 뿐, 그 예산 안에 진정 농촌을 살리고자 하는 전략과 의지는 담겨 있지 않다. 그동안 농촌 예산의 대부분은 결과적으로 농민들을 빚

더미에 앉혀놓은 시설농에 대한 자금지원과 치적 쌓기에 그만인 토목공사에 들어갔다.

덕분에 한국의 농촌마을은 비닐하우스와 시멘트 포장도로의 천국이 되고 말았다. 그것은 더 이상 농촌이 아니다. 그저 산업화의 쓰레기가 특이한 형태로 농촌에 고착된 것일 뿐이다. 바람에 펄럭이는 찢어진 비닐하우스 속에서, 풀 한 포기 자랄 수 없는 새하얀 시멘트 도로 위에서 오늘도 이 땅의 농민들은 기쁨도 희망도 없는 고된 노동의 땀방울을 뚝뚝 흘리고 있다.

그런데 농촌에 사람이 없다. 희망이 없는 곳에 사람이 있을 리가 없다. 농촌에 아무리 천문학적인 액수의 자금을 쏟아부은들 그것을 기획하고 운용할 수 있는 사람이 없으면 밑 빠진 독에 물붓기이다. 예산은 배정이 되었는데 마을에 그 예산을 집행할 책임 있는 주체세력이 없으니 어쩔 수 없이 업적 위주의 관치행정이 되고 만다.

지금 정부에서 천문학적인 예산을 들여 추진하고 있는 '농촌마을 종합개발사업'도 그와 같은 전철을 밟지 않을까 심히 우려된다. 앞으로 10년간 1천 개의 광역마을을 선정하여 70억 원씩 지원한다고 하는데, 사업계획에 잡힌 내용을 보면 도로 건설, 상하수도, 주차장, 특산물 판매장, 소공원, 관광안내소 등 온통 시설투자에 집중되어 있을 뿐, 어디에도 사람에 대한 투자는 보이지 않는다.

죄송한 말이지만 그런 식의 투자는 많으면 많을수록 농촌은 망가진다. 그저 도시 사람들 놀러 다니기 좋게만 만들 뿐이다. 경기부양을 위한 고용창출 정책이 아니라면 이제부터라도 제발 사람에 투자하자. 새로운 비전을 가지고 농촌을 이끌어갈 사람을 모으고 양성하는 데 투자하자는 말이다. 지금 책정한 예산의 절반만 들여도 이것은 충분하다.

새로운 농촌의 주체세력이 될 사람들은 크게 세 부류가 있다. 첫째가 현재의 농촌주민이고, 둘째가 농업 관련 고등교육기관에서 공부하고 있는 학생들이며, 셋째가 귀농 희망자들이다. 이 세 그룹의 사람들에 대한 체계적이고 집중적인 지원과 교육이 없으면 아무리 예산을 쏟아부은들 소용없다. '생태'와 '공동체' '참농민의 세계관'에 기초한 세심한 교육 프로그램을 만들어 체계적으로 운영하되, 지역에 뿌리내릴 수 있는 확실한 인센티브를 마련해주어야 한다. 여기에 '도농교류 프로그램'과 시설투자가 곁들여져야 비로소 정치인들이 고대하는 '효과'라는 것이 나타날 것이다.

그리고 이러한 사람에 대한 투자는 단순히 농촌을 살리기 위한 방법론에 머물지 않는다는 사실을 덧붙이고 싶다. 이렇게 양성된 농촌 인력은 산업화 이후의 시대를 담당할 새로운 사회 주도 세력이 될 것이다.

세상을 지배하는 경제종교

오늘 아침 신문을 들추다가 열두 살 어린아이가 1천만 원을 모았다는 책을 선전하는 광고를 보고 가슴이 덜컥 무너져내리는 소리를 들었다. 이제 어른들의 광포한 돈놀음이 아이들의 영혼까지 갉아먹는구나 하고 생각하니 다가올 미래가 두려워지기까지 한다.

도대체 아이가 1천만 원씩이나 모아서 무엇을 하겠다는 말인가? 단돈 1만 원에도 신의를 밥 먹듯 저버리는 세상인심을 모르고 이런 일을 기획하는 것일까? 아닐 것이다. 그것을 너무도 잘 알기에 그런 일을 당하지 않도록 아주 어릴 때부터 돈의 달인이 되어야 한다고 주장하는 것이겠지. 아직 읽어보지도 않고 책에 대해 긴 얘기를 할 수는 없다. 그러나 충격적인 광고카피만으로도 지금 이 세대가 무엇에 사로잡혀 있는지 분명히 알 수 있었다.

일찍이 신이 인간을 지배하던 시절이 있었다. 신의 통치 아래 인간은 행복할 수 있다는 믿음이 자연스레 생겨났다. 신 앞의 모든 존재는 평등하다고 생각했다. 그러나 권력자들이 바로 그 점을 통치의 수단으로 이용함으로써 종교는 타락하기 시작했다. 자신들이 권력을 신으로부터 위임받았다고 주장한 것이다. 그렇게 해서 권력자는 만인 위에 우뚝 서게 되었고, 야심가들은 어떻게 해서든지 신의 후광을 입기 위해 정치를 권력투쟁의 장으로 만들어버렸다.

신에 의한 통치를 이렇게 인간에 의한 통치로 타꾸어놓은 것이 바로 '경제'이다. 아무도 신의 권위에 도전할 수 없었지만 '먹고살아야 한다'는 명제 앞에서는 신이고 뭐고 없었다. 경제는 신도 간섭할 수 없는 영역에 뿌리를 내리고 성장에 성장을 거듭한 결과 이제는 누구도 부인할 수 없는 신의 자리에 올라서게 되었다. 이른바 '물신(物神)'이다.

그렇다. 우리는 물신이 지배하는 세상에 살고 있다. 아침에 일어나서 밤에 잠자리에 들기까지 의식적이건 무의식적이건 물신을 추구하며 산다. 오늘은 어떤 신제품이 나왔는지, 어디 목 좋은 땅이 나온 건 없는지, 요즘 잘나가는 주식은 무엇인지 남에게 뒤질세라 새로운 정보에 목말라한다. 더 맛있는 음식, 더 좋은 옷, 더 근사한 집, 더 편리한 기구를 사기 위해 죽어라 돈을 번다. 바야흐로 경제가 알파요 오메가인 세상에 살고 있다. 이런 판국이니 어릴 때부터 경제공부를 해야 한다고 주장하는 광고가 버젓이 나올 수밖에.

그런데 이렇게 물신이 지배하는 세상에서 종교가 여전히 맹위를 떨치고 있는 건 왜일까? 물론 물신에 의해 위축된 영혼을 어떻게든 살려보자는 측면이 없는 건 아니다. 그런 점에서 종교는 확실히 긍정적인 역할을 하고 있다. 그러나 물신과 신이 함께 번성한다는 데 심각한 문제가 있다. 그것은 지금의 종교가 물신을 거부하는 것이 아니라 물신을 이용하여 자신의 영향력을 확대하려고 하기 때문이다. 한국의 교회와 사찰이 날로 거대화, 상업화, 권력화되고 있는 것이 그 증거이다.

종교는 경제에게 말한다. "너는 뛰어봐야 벼룩이다. 나는 가만히 있어도 너는 죽어라 하고 일하여 번 것을 내 제단에 갖다 바쳐야 하는 운명이기 때문이다. 네가 진정 돈과 마음의 평안, 둘 다를 얻고자 한다면 나를 믿고 의지할지니." 물신이 지배하는 세상에서 종교는 좀 더 세련된 물신에 지나지 않는다.

이제 경제는 종교가 되어버렸고, 종교는 여전히 고고한 척하지만 경제에 빌붙어 자신을 유지할 수밖에 없는 처지에 놓여 있다. 경제활동에서 탈락한 사람은 어디에서고 구원받을 길이 없는 것이다. 그 옛날 이단으로 낙인찍히면 더 이상 사람 구실을 할 수 없었던 상황과 비슷하다. 정치인의 불법 정치자금 수수나 기업인의 상납, 서민들의 카드빚, 과도한 교육열 등 신문지상에 실리는 기사의 거의 대부분이 물신이 지배하는 세상에서 탈락되지 않으려고 몸부림치는 과정에서 생겨나는 일이다. 이런 상황에서 누구를 탓하고 누구를 원망해야 할까?

어느 시대 어느 나라에서고 종교가 현실의 경제와 밀월관계를 유지함으로써 부패와 타락의 길을 가지 않은 적이 없다. 그러나 경제가 그대로 종교가 돼버린 일은 유사 이래 처음이다. 경제가 종교를 대신해버렸으니 종교는 더 이상 존재할 이유가 없어졌다. 어찌해야 좋겠는가!

자연재해와 빈곤

지난 2004년 말, 인도양 일대에 들이닥친 지진해일은 자연재해 앞에서 인간의 문명이 얼마나 무기력한지를 여실히 보여주었다. 어떻게 보면 산업혁명 이후 인간들이 저지른 무자비한 파괴행위에 대해 묵묵히 참아왔던 자연이 일거에 복수를 한 듯한 무시무시한 느낌도 없지 않다.

그런데 이런 자연재해가 일어날 때마다 어째서 희생자의 대부분이 가난한 사람들일까? 가난한 것만도 서러운데, 인력으로 어찌할 수 없는 천재지변의 피해자들도 늘 가난한 사람들인 이유는 무엇일까?

여기에는 가난한 사람들이 재난에 취약할 수밖에 없는 구조적 문제가 도사리고 있다. 물론 이 참사에는 부유한 나라에서 온 관광객들도 많이 희생되었다. 그러나 그들은 놀러 왔다가 날벼락을 맞은 것이지 어떤 구조적 모순의 결과로 희생된 것은 아니다. 분명히 인간의 대응 능력을 넘어선 자연재해였지만 잘못된 사회구조로 인해 가난한 사람들의 피해가 더욱 커진 측면이 있다. 잘못된 사회구조란 다름 아닌 자본주의적 세계화이다.

인도양의 해안은 서구인들에게 최상의 휴양지로 손꼽히는 곳이다. 이 아름다운 해안에 세계의 자본이 몰려들어 본격적인 휴양지 개발이 이루어지면서 해안가의 울창한 망그로브 숲과 산호초들이 사라져갔다. 망그로브 숲과 산호초는 해일을 막아주는 천혜의 방어벽인데 그것들이 모두 없어진 것이다. 또한 인도양에서 망그로브 숲의 최대의 천적은 서구의 미식가들을 위해 해안가에 수없이 만들어진 왕새우양식장이다. 이런 난개발로 인해 지난 20년간 타이 하안의 망그로브 숲은 절반으로 줄어들었다고 한다.

해안가에는 숲과 산호초 말고 또 다른 방어벽이 있다. 모래언덕과 강이다. 그러나 모래언덕은 깎여나가 골프장이나 쇼핑몰이 들어서거나 해안도로로 변하였다. 강은 그 깊이로 인해 육지로 들어온 물이 그리로 흘러들어가야 하나 산의 나무들을 마구 베어낸 결과 토사층이 쌓여 거의 평지처럼 되어버렸다. 결국 해안선을 침범한 해일은 아무런 방해도 받지 않고 마음대로 육지를 휩쓸고 다녔던 것이다.

자본주의적 세계화의 가장 큰 특징은 빈부의 격차가 갈수록 심해진다는 것이다. 세계화가 진행되고 있는 가난한 나라의 해안도시 어디를 가나 소수의 부유한 사람들을 위한 호화로운 시설물 주위로 가난한 사람들의 거대한 슬럼이 형성되어 있다. 세계화의 기치 아래에서 가난한 소농의 운명은 거의 정해져 있다. 지어봐야 손해관 나는 내륙의 농지를 팔아버리고 해안가 도시나 휴양지로 내려와 날삯 노동자가 되거나 관광객을 상대로 싸구려 기념품을 파는 것이다. 전망 좋고 숲이 우거진 번듯한 곳은 땅값이 비싸 감히 쳐다볼 엄두도 못 내는 이들은 생존의 터전인 도심에서 가까운 수시로 물이 드나드는 저지대에 허술한 집을 짓고 사는 수밖에 없다. 이렇게 해서 가난한 사람들은 완전한 무방비 상태에서 자연재해를 맞이하게 되는 것이다.

끔찍한 재난이야말로 강자에게는 자신들의 영향력 확대를 위한 좋은 구실이 되는 모양이다. 서구 열강들이 남에게 질세라 구호기금의 액수를 갱신하고 있다. 좋은 일을 위한 경쟁을 두고 굳이 뭐라 말할 순 없지만 그 많은 돈들이 어떻게 쓰여질지에 대해서는 걱정이 앞선다.

유독 희생자가 많았던 독일에서는 비록 참상의 흔적이 가시지 않았음에도, 관광수입에 의존해 살고 있는 현지인들을 위해 지속적인 관광을 독려하는 '사려 깊음'을 보이기도 한다. 참으로 눈물겨운 배려가 아닐 수 없다! 그러나 우리는 구호기금이 예전의 잘못된 사회구조를 회복하고 강화하는 데 쓰이는 것을 반대한다.

서구의 세계화론자들이 노리는 것은 아시아에 대한 영향력 확대를 통해 수탈구조를 강화하는 것에 있다. 구호기금은 그 수단에 지나지 않는다. 세계의 양심적인 사회운동단체와 피해국가의 NGO들은 철저히 가난한 사람들의 입장에 서서 구호기금이 생태계의 보전과 사회정의의 회복을 위해 쓰일 수 있도록 압력을 가하고 감시해야 할 것이다.

지구적으로 생각하는 것이
위험한 이유

미국의 농부 시인인 웬델 베리는 '지구적으로 생각하는 사람들' 이야말로 실상은 지구 생태계에 가장 위험한 사람들이라고 경고한 적이 있다. 현재 이러한 사고방식을 가지고 활동하는 사람들 중 가장 성공한 부류는 군수산업자와 다국적 기업가라는 것이다. 그는 지구 생태계를 안정시키고 인간답게 살기 위해서는 '지역적으로 생각하고 지역적으로 행동해야 한다'고 주장한다.

한때 환경운동단체들이 우후죽순처럼 만들어질 때 '지구적으로 생각하고 지역적으로 행동하라'는 경구는 마치 환경운동가들의 행동지침처럼 받아들여지기도 했다. 심지어는 지구화(Globalization)와 지역화(Localization)를 뜻하는 영어를 합성하여 '글로컬리제이션(Glocalization)'이라는 신조어를 만들어내기도 했다. 물론 지금이라고 해서 그 단어의 의미가 퇴색된 것은 아니다. 그러나 시간이 흐르고 보니 이 지침을 가장 충실하고도 철저하게 실천하여 큰 재미를 본 집단은 베리의 지적대로 군수산업자와 다국적 기업가들이었다.

군수산업자들은 자신들이 뒷돈을 대고 있는 정치가들을 부추겨 전

세계에 분쟁과 갈등을 일으켜놓고는 지역방어를 위해 '우리 무기를 구입하라'고 로비를 벌인다. 이들에게 있어 전쟁은 일어날수록 좋고 생태계는 파괴될수록 좋다. 도시와 생태계가 파괴되면 뒤를 이어 다국적 건설업자가 뛰어들어 지역재건을 외치며 순식간에 새로운 도시 하나를 만들어낸다. 그 와중에 인명피해가 나건 지역 특유의 전통문화나 토착생물들이 없어지건 상관할 바가 아니다. 일단 전쟁이 나면 어쩔 수 없다는 것이다. 이런 참화를 원치 않는다면 남이 넘볼 수 없게 국방을 더욱 튼튼히 하라고 충고하면서 또 무기를 팔아먹는다.

지구적으로 생각하고 지역적으로 행동하여 큰 재미를 본 집단이 비단 군수산업자들만은 아니다. 세계 곳곳에 침투한 다국적 기업들의 현지 생산공장의 슬로건 또한 '지역화' '토착화' 이다. '글로벌 경영'이라는 이름 아래 본사에서 일괄적으로 공급해준 원료와 노하우를 가지고 현지인의 기호에 맞는 상품을 만들어내는 것이다. 맥도날드 햄버거는 이제 더 이상 아메리칸 스타일의 햄버거만 만들지 않는다. 한국에 오면 한국식 불고기 햄버거가 되고, 일본에 가면 일본식 스시 햄버거가 된다. 이들이 돈을 많이 벌면 벌수록 지구적 규모의 자원착취와 빈부격차는 더욱 심해질 뿐이다.

'국가적으로 생각'하는 것도 마찬가지이다. 무슨 국책사업입네 하는 것들을 들여다보면 대체로 지역에서는 상상도 할 수 없는 환경파괴를 거쳐 이루어진 것이 많다. 대규모 댐이나 간척지 공사 같은 것이 그렇다. 또한 국가이익을 앞세워 특정 지역 전체를 녹색이라고는 찾아보기 힘든 공장밀집지역으로 만들어놓는가 하면 산업폐기물 종합처리단지로 만들어버린다. 지역주민이나 지역의 생태환경은 그저 장기판의 말에 지나지 않는다. 지역에 살지도 않는 사람들이 책상 위에서 마음대로 여기 놓았다가 저기 놓았다 한다.

지난 반세기 동안 우리는 '국가적으로 생각하기'와 '지구적으로 생각하기'를 강요당해왔다. 그렇게 생각하지 않으면 시대에 뒤떨어진 사람이 되어 웃음거리가 되기 일쑤였다. 그러나 그렇게 해서 얻은 것이 과연 무엇인지 가만히 생각해보자. 물론 득도 있었고 실도 있었다. 만일 곰곰이 따져본 결과 득보다 실이 더 많았고 또 앞으로도 그럴 것이라는 판단이 선다면 이제는 생각을 바꿔야 하지 않을까?

말로는 지방자치시대라고 하면서 실제 행동은 국가적으로 혹은 지구적으로 취한다면 쥐꼬리만 한 지방재정을 가지고 결국 중앙에 손 벌리는 일밖에 더 하겠는가? 자기 돈 가지고 사업하는 사람처럼 바보가 없다고 하지만 그런 사고방식으로 말미암아 우리의 삶과 자연이 병들어간다는 사실을 놓치고 있는 것은 아닐까?

'지역적으로 생각하고 지역적으로 행동하기'가 그 대안이 될 수 있다.

잔디와 제국주의

몇 년 전부터 읍내에 나갈 때마다 국도 양편에 잔디밭이 하나 둘 늘어나더니 올해는 보이는 곳마다 잔디밭이다. 멀리서 보면 무슨 골프장이 들어섰나 하고 착각할 지경이다. 대체작물을 찾다 찾다 잔디가 돈이 된다니까 너도나도 뛰어든 모양이다.

모르긴 몰라도 골프장 건설과 펜션 바람이 주요하게 작용하지 않았나 싶다. 하긴 인접해 있는 장성군에서 잔디로 떼돈 벌었다는 소문이 나돈 지도 꽤 오래되었다. 수입농산물 등쌀에 주곡 생산면적이 날로 줄어드는 이 현실을 어찌 바라보아야 할지 정말 난감하다. 이대로 나가다간 주곡은 모두 수입해서 먹고 겨우 부식류나 조경용 농작물만 재배하는 시대가 올지도 모르겠다.

어쨌거나 아무리 돈이 되는 대체작물이라지만 논에 심어진 잔디를 보고 있노라면 은근히 부아가 난다. 도대체 사람들은 이 잔디가 제국주의와 밀접한 관계가 있다는 사실을 알고나 있을까?

영국인들이 발명하여 세계에 퍼뜨린 것 중에서 영국인들 스스로 가장 자랑스럽게 생각하는 것 가운데 하나가 바로 잔디이다. 영국은 습기가 많고 겨울에도 온난하여 목초가 자라기에는 안성맞춤이다. 이러한 특성 때문에 영국에선 일찍이 목축과 양모산업이 발달했다. 영국을 두루 돌아다녀보면 영국의 주인은 사람이 아니라 양이라는 생각이 들 정도로 목초지가 많다. 17세기 무렵 영국의 귀족들은 잡풀과 관목이 우거진 정원을 걷어내고 그 자리에 한 종류의 목초를 깔고 기하학적인 문양의 정원을 가꾸어 즐기기 시작한다. 아직 풀 베는 기계가 발명되기 전이었으니 엄청난 인력과 비용이 드는 귀족들의 호사취미였던 것이다. 그들은 드넓은 잔디밭 위에서 파티를 열고 장난 삼아 그 위에서 놀 수 있는 여러 가지 놀이를 생각해냈다.

오늘날 세계에 퍼진 대부분의 잔디 스포츠는 거의가 영국이 발상지이다. 가장 대표적인 것이 골프와 축구이다. 그 밖에 하키, 볼링, 테니스, 크리켓, 폴로, 럭비 등을 들 수 있다. 이들 스포츠는 잔디밭 위에서 하게 되어 있으니 경기의 보급과 함께 잔디가 전 세계로 퍼진 것은 당연하다. 그러나 잔디의 제국주의적 속성은 스포츠에서보다 조경용 잔디에서 더 잘 드러난다.

제국주의의 가장 큰 특성은 폭력과 획일적 지배이다. 잔디밭은 이 두 가지를 모두 갖추었다. 원래 그 자리에 있던 다양한 생물종들을 모조리 제거하는 과정 자체가 엄청난 폭력이다. 잔디를 깐 후에도 다른 풀이나 꽃이 자리잡지 못하게 지속적으로 뽑아내고 약을 치는 것도 폭력이다. 사람들이 휴식과 안정을 느끼는 잔디밭은 사실은 폭력과 억압의 결과인 것이다.

사람들은 또한 드넓게 펼쳐진 잔디밭을 보고 일종의 지배 욕구를 대리충족한다. 일망무제의 잔디밭 위에 우뚝 서 있으면 마치 자신이 황제라도 된 듯 우쭐한 기분이 든다. 사방을 둘러봐도 나를 해칠 만한 것은 아무것도 보이지 않고, 바닥은 푹신푹신하다. 마음껏 뛰어다니며 소리라도 질러보고 싶어진다.

잔디밭의 획일성은 사람의 심성마저도 바꾸어놓는다. 미국에서는 자기 집 잔디를 며칠 안 깎아 더부룩해지면 마을의 미관을 해친다고 이웃집에서 신고가 들어오기도 한다. 잔디밭에 민들레 같은 야생화가 여기저기 피어 있으면 그 집 주인의 영혼도 오염되어 있다고 간주된다. 잔디밭에는 잔디 외에 어떤 것도 자라서는 안 된다! 1960년대 미국 히피혁명의 이론적 배경이 되었던 《일차원적 인간》을 쓴 허버트 마르쿠제는 어쩌면 미국의 광활한 잔디밭을 보고 힌트를 얻었는지도 모르겠다.

잔디가 제국주의와 관련이 있다는 것은 잔디의 물리적 특성 때문만이 아니다. 실제 역사에 있어서도 잔디는 제국주의의 전파와 유지에 큰 역할을 했다. 한때 '해가 지지 않는 나라'였던 영국은 새로 개척하는 식민지마다 총독부 건물을 지으면서 주위를 잔디로 장식했다. 식민지 주민들로서는 생전 처음 보는 조경양식이었던 것이다. 권위적인 건축물과 함께 잔디조경은 질서와 위엄을 나타내는 상징이 되었다. 식민지가 해방되고 나서도 이러한 조경양식은 그대로 이어져 거의 모든 관공서와 공식적인 건축물에는 잔디조경이 필수적인 것이 되었다. 잔디의 물리적 특성이 정치적 의도와 정확히 맞아떨어진 것이다.

잔디조경을 가장 열광적으로 받아들인 나라는 미국이다. 오늘날 세계에서 가장 넓은 면적의 잔디밭을 가지고 있는 나라가 미국이다. 세계의 식량창고라는 미국의 밀밭이나 옥수수밭도 잔디밭보다는 그 면적이 작다. 세계 최대의 제국주의 국가 미국이 최대의 잔디밭을 보유하고 있다는 사실이 우연의 일치만은 아닐 것이다.

폭력에 기반을 둔 제국주의를 유지하기 위해 엄청난 비용이 들듯이 잔디밭을 가꾸는 데에도 많은 비용이 든다. 한결같은 잔디밭을 유지하기 위해선 배수시설과 급수시설이 반드시 필요하며 수시로 잔디를 깎아주어야 한다. 미국의 한 도시는 대기 중에 배출된 이산화탄소의 5퍼센트가 잔디 깎는 기계에서 나온 것이라고 할 정도이다. 거기에다 틈틈이 농약과 비료도 뿌려주어야 한다. 해마다 미국 전역의 잔디밭을 관리하기 위해 약 3백억 달러의 돈이 나간다고 하니, 도대체 잔디가 사람을 위해 있는 것인지 아니면 사람이 잔디를 위해 그렇게 열심히 일하는 건지 알 수가 없다.

잔디밭이 아름답다고 여기는 것도 엄격히 말하자면 자기암시에 의한 착시현상이라고 할 수 있다. 잔디밭은 처음 만들어질 때부터 귀족들의 취미였고 권력자들의 지배를 미화하기 위한 도구로 쓰여졌다. 따라서 잔디밭은 신분상승을 꿈꾸는 자들에게는 선망의 대상이었다. 이것은 마치 1960~70년대 한국의 중산층들이 집집마다 피아노를 사들였던 것과 비슷하다. 그들은 피아노를 그것이 만들어내는 음악적 가치 때문이 아니라 단지 신분상승을 겸한 부의 상징으로 받아들였던 것이다.

잔디밭은 아름답기보다는 그저 보기에 시원할 뿐이다. 아름다움으로 친다면 잔디밭 이전의 우거진 야생의 초원이 훨씬 아름답다. 나는 지금도 영국의 산속 어느 외딴집에서 본 버려진 정원의 그 아찔한 아름다움을 잊지 못한다. 영국에 처음 가면 많은 사람들이 반듯하고 오밀조밀하게 꾸며진 영국식 정원을 보고 감탄을 금치 못한다. 나 역시 그랬다. 그러나 인위적인 아름다움은 오래가지 못하는 법인지 금방 싫증이 났다.

한번은 영국인 친구를 따라 웨일즈의 산속에 버려진 그의 집을 구경하러 갔다. 그는 그 집을 떠난 지 6년이 지났다고 했다. 그런데 마당에 들어서는 순간, 나도 모르게 아! 하고 감탄사가 흘러나왔다. 오랫동안 인간의 손길이 닿지 않았던 영국식 정원이 너무도 황홀한 자태를 드러내고 있었기 때문이다. 온갖 풀과 화초들이 제멋대로 나고 죽고를 반복하면서 기막힌 균형을 이루고 있었다. 나는 거기서 확실히 깨달았다. 이 세상에서 가장 훌륭한 정원사는 신의 손길이라는 사실을.

다른 나라의 자율성과 자유를 짓밟고 자국의 이익만을 추구하는 제국주의가 지상에 일차원적으로 실현된 것이 바로 잔디밭이다. 오늘날 잔디밭은 지구상에 생물종의 가짓수를 현저히 감소시킬 뿐 아니라 농경지를 잠식하고 강과 대기를 오염시키고 있다. 그럼에도 잔디밭은 그 쓰임새에 비해 너무 과분한 대접을 받고 있다. 이제라도 그 면적을 줄이고 제한된 용도에 맞게 조성해야 할 것이다.

약장사의 원대한 포부

동서고금을 막론하고 약장사의 상술이 교묘하다는 것은 누구나 알고 있다. 그런데도 사람들은 혹시나 하면서 늘 속는다. 약의 효과가 있느냐 없느냐는 써보면 아니까 오랫동안 속여먹기가 곤란하다. 약 제조업자들이 진짜로 속여먹는 부분은 약의 부작용이다. 약의 사용으로 인해 어떤 부작용이 일어나더라도 다른 탓으로 돌리면 그만이기 때문이다.

약에도 여러 종류가 있지만 인체는 물론 지구 생태계에 가장 큰 위해를 끼치는 약은 대량으로 뿌려지는 농약이 아닐까 싶다. 우리나라는 세계에서 네 번째로 농약을 많이 치는 나라로 알려져 있다. 농약을 많이 치는 만큼 그로 인한 부작용도 만만치 않다.

정확한 통계는 없지만 한 연구기관에서 실시한 설문조사에 따르면 우리나라 농민 중 네 명에 한 명은 중증중독을 경험한 적이 있다고 한다. 잔류농약 피해 역시 제대로 조사된 것이 없기는 마찬가지이지만 현대인들이 앓고 있는 만성적인 고질병의 대부분이 화학물질에 오염된 식품을 오랫동안 섭취한 결과라는 연구가 설득력을 얻고 있다. 이렇게 위험하기 때문에 농약을 팔아먹으려면 고도의 판매전략이 필요하다.

영국에 있는 세계 최대의 농약회사인 신젠타 홍보실. 심각한 잔류독성으로 인해 지금은 생산하지 않지만 한때 세계를 제패했던 DDT와 유명한 제초제인 이사디(2, 4-D)가 이 회사의 제품이다. 영국 유수의 대학에서 박사학위를 받았다는 홍보위원이 차트와 영상물을 보여주며 자사 농약의 우수성을 설명한다.

"화학적으로 볼 때 인간의 몸은 온갖 화학물질이 상호 작용하는 화학공장과도 같습니다. 농약 역시 화학물질의 하나이지만 성분의 99퍼센트가 자연 속에 존재하는 물질로 되어 있습니다. 인공으로 만든 화학물질은 겨우 0.01퍼센트에 지나지 않습니다. 화학공장에 자연 상태에 존재하는 화학물질이 들어가 반응하는 것은 다주 자연스러운 일입니다. 문제는 사용법을 얼마나 잘 지키느냐입니다. 사용법만 잘 지키면 우리 회사 제품은 세계에서 가장 안전한 물질입니다. 농약 중독을 이야기하지만 사실 농약에 의한 사고는 우리들이 일상에서 겪고 있는 여러 가지 사고와 스트레스에 비교하면 아무것도 아닙니다. 많은 사람들이 우려하는 농약 잔류물 문제도 전혀 걱정할 수준이 아닙니다. 그보다는 바퀴벌레 한 마리가 옮기는 병균에 의한 피해가 수십 배 더 큽니다. 우리 회사 제품의 특징을 간단히 말씀드리면, 첫째 안전하다는 것, 둘째 원하는 것만 선택적으로 처리할 수 있다는 것, 그리고 잔류효과가 극히 짧다는 것입니다."

그러면서 자신이 겪은 작은 에피소드를 얘기한다. 한번은 자기네 농약의 사용실태를 조사하기 위해 유럽의 한 농촌에 갔단다. 마침 나이가 많이 들어 보이는 한 노인이 물에 농약을 섞고 있었는데 어이없게도 손으로 휘젓고 있더라는 것이다. 그가 노인에게 다가가 농약의 사용방법을 자세히 가르쳐주고 오래 사시려면 가르쳐준 대로 하시라고 말했더니 노인이 콧방귀를 뀌며 하는 말인즉슨, "나는 이 나이 되도록 손으로 했지만 아무렇지도 않아. 그런데 내 아들 놈은 농약 탈 때 늘 작대기를 사용했지만 5년 전에 교통사고로 나보다 먼저 갔어"라고 했다나. 말하자면 이 세상에는 농약보다 위험한 것이 훨씬 많은데 왜 별로 위험하지도 않은 농약을 가지고 말이 많냐는 것이다.

설명을 자꾸 듣다 보니 아예 농약병을 들고 건강음료처럼 마시고 싶다는 생각이 들 정도였다. 사실 농민들은 경험에 의존하여 약을 치지 사용법 그대로 치는 경우는 드물다. 눈앞에 피해 상황이 심하다 싶으면 본능적으로 약을 더 치는 것이 농부의 심정이다.

문제는 이 회사가 단지 농약만 생산하는 것이 아니라는 것이다. 종자에서부터 유전자 조작식품에 이르기까지 우리들의 입으로 들어가는 제품은 거의 모두 생산하고 있다. 이들은 농약을 쓰지 않을 수 없는 종자를 만들어 판매함으로써 농민들을 이중으로 옭아맨다. 농민들이 그 종자를 선택하는 이유는 수확량이 좋다는 이유 하나인데 그래봐야 농약과 비료, 종자 값을 제하고 나면 남는 것이 없다.

일단 이들이 생산하는 제품들을 사용하게 되면 예전의 유기농업으로 다시는 돌아갈 수 없다는 것이 가장 큰 불행이다. 이는 마치 빚을 진 사람이 빚을 갚기 위해 또 빚을 지는 것과 같다. 실제로 우리의 농민들은 그와 똑같은 상황에 빠져 있다.

농민들의 처지야 어떻든 간에 새로운 제품이 나오면 이들은 또다시 제품의 안전성과 탁월한 효과에 대해 입에 거품을 물고 선전할 것이다. 이 거대한 약장사들의 최종목표는 분명하다. 먹이사슬의 전 과정을 장악하여 실질적으로 세계를 지배하는 것이다.

네가 있음으로 내가 사는 정치

촛불시위도 끝났고 탄핵역풍으로 인한 야당의 혼돈도 어느 정도 정리가 되었다. 2004년 3월 12일 국회에서 대통령 탄핵소추안이 가결된 이후 20일 동안 이 나라에는 탄핵과 관련하여 그야말로 전무후무한 말잔치가 벌어졌다.

물론 탄핵 대상자인 대통령을 비난하는 말도 있었지만 압도적인 다수가 탄핵안을 가결시킨 국회와 국회의원을 비난했다. 아직도 많은 국회의원들이 법대로 했는데 왜 이렇게 난리들인가 하고 몹시 억울한 표정을 짓고 있지만, 회기 내내 의원들의 월권과 탈법행위를 지켜본 국민의 눈에는 '방귀 뀐 놈이 성을 내는' 것으로밖에 보이지 않는다.

사람에게는 정도의 차이만 있을 뿐 자기중심적으로 행동하는 경향이 있다. 이러한 경향은 정치 판도를 자신에게 유리하게 만들려고 늘 노심초사하는 정치인들에게 더욱 두드러져 보인다. 대다수의 국민들은 아니라고 보는데 정치적 야심에 빠져 있는 그들만은 맞다고 확신한다. 어떻게 해서라도 권력만 잡으면, 지금은 다르게 생각하고 있는 국민들을 내 편으로 돌릴 수 있으려니 한다. 아니 권력을 통하여 자신이 옳았음을 입증하려고 한다. 2003년에 대선 불법정치자금 수사가 본격화되자 야당은 선거에 진 것이 유죄라고 공공연히 떠들어댔다. 게임의 규칙이야 어떻건 오로지 이기는 것만이 선이고 정의인 것이다. 그러자니 정치력의 대부분을 정적을 죽이는 일에 쓰게 된다.

  2003년 국회 대회의실에서는 대한민국 국회의 이미지와는 잘 어울리지 않는 낯선 풍경이 벌어졌다. 평화운동가이자 고명한 명상지도자인 틱낫한 스님의 공개강연이 있었던 것이다. 그 자리에는 각 당의 대표를 비롯하여 많은 국회의원들이 참석했다. 그때 스님께서는 여러 가지 말씀을 하셨지만 주된 내용은 자비의 마음을 내어 상대방을 용인하고 끊임없이 대화를 나눔으로써 평화를 가져올 수 있다는 것이었다. 적을 죽이지 않으면 내가 살지 못하는 곳에서 자비의 마음을 내라는 얘기가 과연 먹혀들어갈지 의심스러웠지만 강연이 끝난 후 무척 감명을 받았다고 소감을 말하는 의원들도 있었던 것을 보면 아주 엉뚱한 행사는 아니었구나 싶다.

  나는 파행으로 얼룩진 16대 국회를 지켜보면서 지금 우리 국회에 가장 필요한 것은 이성의 회복이 아니라 영성의 회복이 아닐까 하는 생각을 해보았다. 촛불집회에서 많은 사람들이 "국회가 미쳤다"고 목소리를 높였는데 천만의 말씀이다. 대통령이 아무리 밉다 하더라도 국민여론을 무시하고 감정적으로 그런 엄청난 일을 저지를 만큼 어리석은 우리 국회의원이 아니다. 그들은 충분히 이성적으로 계산에 계산을 거듭한 끝에 그 길만이 지금의 권력구조에 변화를 가져올 수 있다고 믿었기에 거사를 밀어붙인 것이다. 그들은 미친 게 아니라 계산을 잘못했을 뿐이다. 지금의 탄핵정국은 감정과 이성에만 의존하는 정치가 얼마나 허약하고 불안정한 것인지를 극명하게 보여준다.

그렇다면 영성의 정치란 무엇일까? 그것은 '네가 있음으로써 내가 있다'는 연기(緣起)의 법칙을 깨우치는 것이다. 네가 죽어야 내가 사는 것이 아니고, 네가 살아야 나도 살 수 있다는 것이 바로 상생의 정치이고 영성의 정치이다. 깨달음이 깊어지면 그 대상이 사람을 넘어서서 모든 생물과 사물에게까지 확장되고, 이 확장된 의식 속에서 스님께서 말씀하신 자비의 마음이 절로 우러나오는 것이다. 왜냐하면 존재하는 모든 것들은 영적으로 한 형제요 자매이며 서로에게 존재의 근거가 되기 때문이다. 정쟁(政爭)과 싸움은 이 틀 속에서 벌어지는 존재의 다양한 모습에 지나지 않는다. 그러나 연기의 법칙을 무시한 채 너 죽고 나만 살자는 식으로 나가게 되면 모두의 공멸이 있을 뿐이다. 이것이 작게는 가정의 파괴에서 정치·사회의 파괴로, 더 나아가 생태계의 파괴로까지 이어지게 된다는 것을 알아야 한다.

이런 상상을 해본다. 국회의원들이 회의를 시작하기 전에 국회의장의 신호로 함께 명상의 시간을 갖고 때때로 덕이 높으신 수행자를 모셔서 귀한 말씀을 듣는다면, 그것을 바라보는 국민들의 마음이 한결 밝아지지 않을까?

생태주의 시대와 잡초론

노 대통령이 정치발전에 도움이 되지 않는 수구부패 정치인들을 잡초라고 불렀다 해서 언론이 벌집 쑤셔놓은 듯 시끄러웠던 때가 있었다. 하긴 대통령이 국민에게 보내는 편지를 통해 국민들과 함께 그런 잡초들을 뽑아버리자고 '선동'을 하였으니 제 발이 저린 정치인들로서는 가만히 있을 리가 없다. 무슨 선거법 위반이다, 우편통신법 위반이다 하며 법적 대응까지 모색했던 모양이다.

그렇지 않아도 대통령이 말을 함부로 한다며 자질론을 퍼뜨려왔던 일부 수구언론들은 호재를 만난 듯 연일 대서특필이었다. 대통령의 완곡한 말 한마디에 저렇듯 난리를 친 것을 보면 확실히 우리 사회에 언론의 자유가 만개했음을 실감하지 않을 수 없다. 재미있는 것은 이들의 비판 논리다. 누구는 옳고 누구는 그르다고 편을 갈라서 어느 한편을 치자는 것은 상생과 화합의 정치이념에 어긋난다는 것이다. 백 번 지당하신 말씀이다.

그런데 이렇게 준엄하게 꾸짖는 사람들이야말로 지난 시절 이와 같은 흑백논리로 이 사회를 숨막히는 살얼음판으로 만든 당사자들이다.

그들은 이렇게 반문할지도 모르겠다. 그때는 '빨갱이'를 잡느라고 어쩔 수 없었노라고. 그렇다면 같은 흑백논리가 빨갱이 잡는 데는 좋고 수구부패 정치인을 잡는 데는 안 좋다는 말인가? 게다가 그들은 흑백논리를 가지고 진짜 '빨갱이'뿐만 아니라 기득권자들의 부정부패에 대해 이의를 제기하는 사람들마저 모조리 색깔을 덧씌워 단죄했던 무리가 아니었던가. 그런데 이제 와서 세력판도가 뒤바뀌어 방어하는 위치에 서게 되자 흑백논리는 곤란하다는 것이다. 참으로 얄팍한 자기방어 논리이지만 옳은 것은 옳은 것이다. 과거에 지은 죄가 있다고 하여 옳은 얘기하는 것을 틀리다고 할 수는 없는 노릇이다.

이렇게 얘기를 끝내버리고 말면 뭔가 뒷간에서 일 보고 그냥 나온 기분이 든다. 왜 그럴까? 그들이 입으로만 옳은 얘기를 하고 있기 때문이다. 노무현 대통령의 잡초론에 반기를 든 대부분의 사람들은 얼마 전까지만 해도 이 사회를 '보수'대 '진보'로 편가르고 진보는 어쩐지 불안하고 사상이 의심스러우며 불법적인 행위도 서슴지 않는 사회집단이라는 인식을 퍼뜨리기 위해 애를 쓰던 이들이다.

진보진영의 사람들이야말로 보수적인 대한민국 사회를 위험에 빠뜨리는 잡초와 같은 존재라고 믿고 있었는데, 그리고 그 잡초의 씨를 말리려고 지금까지 별의별 짓을 다했는데, 이제 칼자루가 바뀌어 거꾸로 자기들을 잡초라고 하니 기가 막히고 억울하기 짝이 없는 노릇이었을 게다. 흑백논리로 편을 가른 뒤 다른 한편을 매도하고 탄압하는 데 이골이 난 이들이 스스로를 방어하기 위해 흑백논리의 부당성에 호소하는 것은 어쩐지 찢어진 천조각으로 간신히 알몸을 가리고 있는 것 같아서 볼썽사납다.

그럼에도 불구하고 '잡초론'에는 확실히 문제가 있다. 왜냐하면 지난 시절 숱한 인권침해 시비를 낳았던 '빨갱이론'과 비슷한 속성을 가졌기 때문이다. 이렇게 말하면 소위 개혁론자들은 핏대를 올리며 항의할 것이다. 우리를 감히 그 무식한 빨갱이 사냥꾼과 비교하다니! 물론 나는 빨갱이 사냥꾼들을 옹호할 생각은 손톱만큼도 없다. 그렇다고 하여 개혁의 이름 아래 '잡초 사냥꾼'이 활개를 치는 세상 또한 원치 않는다. 변화를 두려워하고 과거에 안주하려는 사람. 또는 더 나아가 시곗바늘을 거꾸로 돌리려는 사람들이 있는 것은 사실이다. 그렇다고 하여 이들을 모두 뭉뚱그려 잡초라 이름붙여 타도의 대상으로 삼는다면 우리 사회는 영원히 분열과 다툼의 악순환으로부터 벗어날 길이 없다.

우리는 그야말로 선혈이 낭자한 '빨갱이 사냥' 시대를 거쳐왔다. 불그스레한 것은 고사하고 그런 것 근처에만 얼씬거려도 처벌을 받았다. 이 시기에 사람을 판단하는 기준은 단 하나, 색깔이 붉으냐 아니냐였다. 색깔만 붉지 않으면 어떤 죄를 지어도 용서받았다. '빨갱이 사냥꾼'이 사회의 주도권을 잡고 있을 즈음의 감옥에서는 수백억을 해먹은 공무원보다 길거리에서 사회주의를 주장하는 유인물을 돌리다 구속된 대학생이 더 중한 죄인으로 취급받았다.

이러한 단세포적 이분법 아래에서 사람들의 분별력은 점점 무뎌지고 사회는 부정부패와 투기와 폭력으로 마비되어갔다. 한 가지 가치기준으로 사람을 판단하는 사회에서 민주주의란 단지 장식에 지나지 않는다는 사실을 우리는 뼈저리게 겪어보았다.

잡초론의 위험성은 바로 여기에 있다. 집권자의 의도가 아무리 선하고 순수하다 할지라도 국민의 성향을 하나의 잣대로 구분하여 어느 한쪽을 제거해야 한다고 '선포' 하게 되면 그 사회는 단세포적인 획일 사회로부터 벗어날 수 없게 된다.

무시무시한 독재를 자행했던 박정희와 김일성의 우국충정과 국민(인민) 사랑은 서로 둘째가라면 서러워할 정도였다. 돌이켜보면 둘의 극단적 이분법은 서로의 장기집권을 보장해주는 안전판과도 같았다. 이들이 세상을 떠난 지 상당한 세월이 흘렀건만 아직도 남과 북은 이들이 남겨놓은 이분법적 사고방식으로부터 자유롭지 못하다. 다행히 남에서는 지난한 민주화 과정을 거쳐 새로운 사고방식을 가진 세대들이 사회의 주류를 형성하게 되었다. 당연히 새 정부가 해야 할 최우선의 과제는 잘못된 정치관행으로부터 벗어나 시대정신을 반영하는 새로운 가치관을 세우는 일이다.

21세기를 생태주의 시대라고 규정하는 것은 누구도 부인할 수 없을 것이다. 생태주의 시대를 특징짓는 가장 소중한 가치는 다양성이다.

다양한 종들이 균형과 조화를 이룰 때 그 공동체는 생태적으로뿐만 아니라 정치·사회적으로도 건강하다고 말할 수 있다. 그런데 잡초론은 애초부터 이분법적인 위험성을 내포하고 있는데다 용어 자체가 반생태적이다.

농업 생산에 있어서 잡초가 본격적으로 문제가 되기 시작한 것은 식량 생산을 극대화하기 위해 제초제를 사용하는 단작농업을 하면서부터이다. 예전의 농부들은 잡초를 뽑되 풀들을 일일이 구분하여 논밭의 생태적 균형이 무너지지 않는 범위 내에서 뽑았으며, 농가 주변에 자생하는 풀들의 특성을 잘 알아 적극적으로 활용할 줄 알았다. 그러나 산업농이 확립된 이후로는 작물 이외의 모든 풀들은 잡초로 분류되어 예외없이 제초제 세례를 받아야 했다. 그 결과 지금 우리는 생물종다양성의 급격한 감소와 심각한 환경오염을 속수무책으로 바라보고 있다.

우리는 종종 과거청산을 제대로 하지 못해 늘 요 모양 요 꼴로 산다고 자조하곤 한다. 잡초론에 이의를 제기하자 제일 먼저 나온 소리가 이것이었다. 우리가 해방 직후에 일제의 잔재를 청산하지 못해 나라의 체통이 서지 못했는데 이제라도 수구부패 세력을 청산하여 새로운 나라를 만들어보자는 것 아니냐, 그런데 잡초론에 문제가 있다니 무슨 해괴한 논리를 펴고 있냐는 것이다. 옳은 말이다. 그러나 과거 청산은 눈에 보이는 인적 청산도 중요하지만 일을 처리하는 논리와 방법을 새롭게 하는 것도 중요하다. 과거를 청산한다면서 과거에 썼던 방법을 다시 쓰는 것은 불합리하다.

　이전 시대에 풀은 잡초로 분류되어 제초제로 제거해야 했지만 생태주의 시대에는 논밭의 생태적 균형을 작물에 유리하게 맞추어주면 그만이다. 그리하면 제초제를 사용하지 않고도 건강하고 신선한 작물을 길러낼 수 있다. 어째서 그런가는 다소 전문적인 설명이 필요하므로 여기서는 이렇게만 이야기해두자. 논밭에 난 잡초나 독초라 할지라도 그 나름의 생태적인 역할이 있다. 중요한 것은 그것들이 논밭의 생태적 균형을 위협할 정도로 자라지 못하도록 '관리'해주는 것이다. 굳이 잡초라는 말을 쓴다면, 잡초는 '제거'의 대상이 아니라 '관리'의 대상일 뿐이다. 생태농업의 관건은 어떻게 하면 종의 다양성을 해치지 않으면서 작물의 수확을 극대화하는가에 있다. 이것은 제초제를 사용하는 농법보다 훨씬 어렵고 고차원적이다. 그러나 일단 자리가 잡히고 나면, 달리 말해 일단 생태적 균형을 회복하고 나면 그때부터 농사일은 훨씬 쉬워진다.

　한 사회의 통치원리도 마찬가지라고 생각한다. 지금 당장에는 과거에 행세하던 자들이 개혁에 저항하고 난리를 피우는 것이 눈에 거슬린다 하더라도, 제초제를 사용하고픈 유혹을 억누르고 차분히 사회 전체의 건강을 내다보며 국민들이 스스로의 힘과 판단으로 건전한 사회를 만들어나갈 수 있도록 정책적 배려를 해주는 것이 보다 생태적이고 현명한 선택이 아닐까?

국가이익이냐 진리냐

자이툰 부대 파병, 줄기세포 논란, 한미 FTA 체결. 이 세 사건의 공통점은 참여정부가 들어선 이래 국가이익을 주제로 가장 많은 논란을 일으켰다는 점이다. 매국이냐 애국이냐의 관점에서 나라가 두 동강 날 지경으로 논쟁을 하였지만 합의된 결론은 없이 정부의 의지대로 일이 진행되고 있다.

먼저 국가이익을 주장하는 쪽의 입장을 살펴보자. 이들의 관점에 의하면 사건의 진위 여부는 어차피 부차적인 일이다. 국가의 막대한 이익이 걸린 문제라면 진실이건 진실이 아니건 별로 중요한 일이 아니라는 것이다. 이러한 주장은 역사 속에서 너무도 자주 반복되어온 것이라 별로 새삼스러울 것이 없다.

20세기에 강대국들은 국가의 이익을 위해 국민들에게 '선의의 거짓말'을 함으로써 자신들이 일으킨 전쟁을 정당화했다. 국민들은 정부의 발표를 듣고 곧이곧대로 믿기도 하지만, 설사 의심스러운 구석이 있더라도 굳이 파헤치려 들지 않는다. 국가의 이익에 반하는 매국노가 되고 싶지 않기 때문이다. 반면에 국가의 이익에 반하여 진실을 보도하거나 추궁하는 쪽은 언제나 핍박받고 매도당하기 일쑤였다. 이러한 역학관계는 세상이 국가 단위로 나뉘어져 작동하는 한 변함없이 계속될 것이다.

　문제는 국가이익이라는 것이 그 나라의 국민에게 과연 이익이 되느냐이다. 단기적으로 보면 이익이 되는 것처럼 보일 때가 많다. 그러나 장기적으로는 손해가 되는 경우가 더 많다. 과거에 국가이익을 내세워 전쟁을 일으킨 전력이 있는 나라들이 다 그렇다. 그 나라 국민들은 지금 모두 잘살고 있는데 무슨 뜬금없는 소리냐고 할지도 모르겠다. 물질적으로 잘사는지는 모르겠으나 그들은 이미 도덕성과 진실성을 상실하여 존경의 대상으로부터 벗어난 지 오래다.

　예를 들어 미국은 석유 확보라는 국가이익을 위하여 중동에서 전쟁을 일으켜 승리함으로써(이것이 진정한 승리인지는 좀 더 지켜보아야 하겠지만) 자국의 국민들에게 변함없이 저렴한 가격에 석유를 공급할 수 있게 되었다. 국가이익이 국민의 이익과 일치하는 순간이다. 그러나 좀 더 깊이 들여다보면 이보다 더 큰 재앙이 있을까 싶다. 이미 석유문명의 와해가 코앞에 다가왔는데 그렇게 석유를 흥청망청 쓴다는 것은 멸망을 재촉하는 것이 아니고 무엇이란 말인가! 게다가 미국에 가보면 알겠지만 석유에 기대어 만든 엄청난 양의 불량식품들은 미국인들의 건강을 구제불능의 상태에 빠뜨리고 말았다. 오죽하면 미국은 비만으로 인해 몰락할 것이라는 말이 나오겠는가. 그리고 더욱 걱정되는 것은 이로 인해 지구환경이 더 나빠지고 빈부의 차이가 더 커져 세상이 갈수록 폭력적으로 되고 있다는 점이다.

  자본주의의 원리를 밝힌 아담 스미스의 유명한 경구 가운데 '보이지 않는 손'이라는 말이 있다. 자본주의 사회에서는 모두가 자신의 이익만을 위해 열심히 노력하기만 하면 된다는 것이다. 그리 되면 '보이지 않는 손'에 의해 모든 갈등과 문제가 저절로 해소된다는 것이다. 자본주의 역사의 초기에는 이런 논리가 먹혀들어갔을지 모르겠으나 국제독점자본이 출현한 이후로는 어림도 없는 얘기가 돼버렸다. 다시 말해 일단 독점관계가 형성되면 '보이지 않는 손'은 더 이상 작동하지 않는다는 것이다. 그러나 국가 간의 관계에 있어서만큼은 나만의 이익, 즉 국가이익 최우선주의가 여전히 최고의 원칙으로 남아 있다. 나라들이 고만고만한 군소국가로 나뉘어져 있으면 이 원칙이 유효하겠지만 지금처럼 슈퍼파워 미국이 전 세계를 호령하고 그 밖에 몇몇 전통적인 강대국이 미국을 떠받치고 있는 상황에서 국가이익이란 것은 미국과의 관계가 좋으냐 나쁘냐로 축소되고 만다. 그것이 국가에 어떤 이익을 가져다주든지에 상관없이 미국과 관계가 좋으면 이익이고 그렇지 않으면 손해라는 식이다.

  만약 미국이 누구나 인정하는 세계정부로서의 역할과 권위를 가지고 있다면 별 문제가 없겠지만 그렇지 않다면 국가이익 문제를 근본부터 달리 보아야 할 것이다. 사실을 놓고 보더라도 현재 미국의 눈 밖에 난 나라들은 궁핍과 고립을 면치 못하고 있으며 툭하면 고약하게 생긴 미국 관리가 나서서 우리 말을 안 들으면 석기시대로 돌려버리겠다고 협박을 해대고 있다. 협박을 하는 나라도 협박을 받는 나라도 모두 국가이익 때문에 그 힘한 꼴을 하고 있는 것이다. 아무래도 국가이익의 추구는 절대다수의 행복이라는 공리주의적인 관점에서 볼 때 대체로 득보다는 실이 많다고 결론짓지 않을 수 없다. 아니 실이 많은 정도가 아니라 그로 인해 인간들의 삶이 더욱 각박해지고 피폐해지는 경향이 있다.

국가이익을 추구하지 않으면서도 국민의 추앙을 받은 지도자로 마하트마 간디가 있다. 비폭력 평화주의로 유명한 그는 국민의 지도자로서 국가의 이익이 아니라 진리를 추구했다. 그는 문제를 다룰 때 그것이 국가의 이익이 되는지 아닌지, 혹은 사실인지 아닌지보다 그것이 과연 진리에 합당한지 아닌지를 보았다. 때문에 그는 정치인이 아니라 종교인으로 비춰지기도 한다.
그러나 그의 진리 추구는 결코 정치이데올로기나 종교적 도그마로 변질되는 일이 없었다. 진리는 그 어떤 것으로도 대신할 수 없기 때문이다. 세속적으로 볼 때 그의 정치관념은 대단히 이상주의적이고 때로 아주 비현실적이었지만 여전히 그는 인도 통합의 상징으로서 그리고 세계 평화운동의 나침반으로 남아 있다.
간디가 평생에 걸쳐 추구한 진리실험 운동은 오늘날 인류가 처해 있는 질곡으로부터 벗어날 수 있는 구원의 빛으로 받아들여지기도 한다. 지금 한국에서 벌어지고 있는 국가이익 논쟁은 과연 진리 추구와 어떤 관계가 있을까?

사람이 사람다울 권리

"도대체 무슨 증거로 저를 간첩으로 모는 겁니까? 저도 궁금해 죽겠으니 제발 좀 가르쳐주십시오!"

"야, 임마. 간첩이 무슨 증거가 있어! 간첩이 증거를 남기면 간첩 자격이 없는 거지!"

1985년 국가안전기획부 본부가 있는 남산의 한 지하실에서 있었던 일이다. 영문도 모르고 끌려간 나는 무려 60일간의 고문과 구타 속에 정부가 공인하는 간첩이 되었다. 사회에 있을 적에 드라마에서나 보았던 일이 나에게 현실로 닥칠 줄을 그 누가 상상이나 했으랴!

부끄럽게도 나는 그때까지 국가보안법이란 것을 이름만 들어 알았지, 그것이 무엇을 의미하고 어떤 용도로 쓰이는지에 대해서는 무식 그 자체였다. 간혹 조악한 흑백사진 얼굴들이 복잡한 조직도와 함께 박혀 있는 'XX간첩 일망타진' 같은 신문기사를 보며, 이 사람들은 도대체 무슨 짓을 했기에 이렇게 신문에 대문짝만 하게 나와 사람들을 놀라게 하는가 하고 의아해하곤 했다. 그러고는 끝이었다. 나하고는 아무런 상관이 없었기 때문이다.

그런데 아닌 밤에 홍두깨라고 이제 내가 그 주인공이 된 것이다. 평소에 순진하게 생겼다고 은근히 믿고 있었던 내 얼굴이 신문기사의 간첩단 조직도에 흑백사진으로 실리고 보니 여지없이 간첩처럼 보이는 것이었다.

정말이지 간첩과 일반 시민의 차이는 종이 한 장 차이도 되지 않았다. 오로지 저들의 선택에 달려 있었다. 고문으로 얼이 다 빠진 상태에서 감옥에 들어가보니 세상에나! 사동 하나에 나처럼 끌려온 사람들이 가득 들어차 있었다. 이른바 공안수 사동이다. 물론 대부분이 두드려맞고 간첩이 된 사람들이다. 운동시간에 그들을 만나 사연을 들어보면 참으로 기가 차서 말도 나오지 않았다. 많은 사람들이 수사기관에 '협조'하면 조금이라도 일찍 나갈 수 있으리라는 희망을 갖고 기꺼이 간첩이 되기도 했다. 이것은 분노도 아니고 허탈도 아니었다. 차라리 한 편의 희극이었다.

국가안보라는 것이 이렇게 멀쩡한 사람들을 자꾸 간첩으로 만들어내야 지켜진다는 것을 나는 처음으로 알게 되었다. 곰곰이 생각해보니 아주 틀린 논리는 아니었다. 성경을 보더라도 인간들이 자기 부족의 안녕과 무사를 위해 애꿎은 양들을 희생 제물로 바치지 않았던가! 우리들은 분단국가의 안보를 위해 제단에 바쳐진 희생양이었던 것이다. 국가보안법은 이 희생양들을 잡아오는 그물이었고. 만약, 만약에 말이다. 이렇게라도 해서 국가의 안보가 지켜지고 국민들이 평온히 살 수만 있다면 하느님께서 나름대로 역할을 내려주신 것이려니 하고 아무 소리 않고 살 수도 있겠다 싶었다. 그러나 희생양과는 상관없이 국가안보는 늘 불안했고 국민들은 오히려 자신이 희생양이 될까 봐 불안에 찬 나날을 보내고 있었다.

대신에 이를 빌미로 떡고물을 열심히 챙기고 있는 사람들이 눈에 들어왔다. 우리는 말하자면 국가안보나 국민의 안녕과는 아무런 상관없이 오로지 저들의 행복과 이익을 위해 볼모로 잡혀 있었던 것이다. 국민들에게 주기적으로 레드콤플렉스를 심어줌으로써 자신들의 권력을 유지하는 것이다. 그리고 공장에서 자꾸 물건을 만들어내야 자금회전이 되고 공장이 돌아가듯 국가기관과 그 안에서 녹을 먹고 있는 사람들도 똑같았다.

나는 지금도 똑똑히 기억한다. 방금 한차례의 고문 끝에 나로부터 허위 자백을 이끌어낸 수사관이 상부에 보고를 올리면서 주고받았던 전화 내용을.

"축하하네!"

"감사합니다!"

무엇을 축하하고 무엇에 대해 감사하다는 것인가? 이것은 마치 각고의 노력 끝에(저들은 고문수사 60일 동안 피의자와 동고동락하였다) 신제품을 개발하여 출시를 기다리고 있는 국영기업체 간부의 설레는 표정 그대로였다(실제로 그들은 우리 앞에서 자기들끼리 부를 때 부장, 이사 등 일반회사의 호칭을 썼다).

　피해자의 편견을 최대한 자제하고, 또 자제하고 생각해보아도 국가보안법의 수혜자는 일반 국민이 아니라 소수의 지배집단이었다. 그것도 부당하게 나라의 권력을 틀어쥐고 호의호식하는 부패한 집단들이었다. 비판의 목소리에 대해 그들은 이렇게 항변하곤 한다.

　"좀처럼 증거를 남기지 않는 간첩을 잡기란 쉬운 일이 아닙니다. 간첩 한 사람이 국가를 위기에 빠뜨릴 수도 있음을 생각할 때, 그들을 잡는 과정에서 일어나는 불가피한 인권침해는 이해해주셔야 합니다."

　그러나 이 말은 도로 공사장에 붙어 있는 '통행에 불편을 드려 죄송합니다'와 같은 협조문구와는 하늘과 땅만큼의 차이가 있다. 적어도 길거리 통행자는 공사가 어떻게 얼마나 진행되고 있는지 밖에서 들여다볼 수 있으므로, 그리고 도로가 좋아지면 누구에게나 이익이 되므로 잠시의 불편쯤은 기꺼이 감수하고자 한다.

　그러나 간첩 잡는 일은 철저히 밀실에서 이루어진다. 대한민국에서 어느 누구도 그 안에서 무슨 일이 벌어지는지 알 방도가 없다. 선량한 시민 백 명을 잡아넣고 겨우 한 명의 제대로 된 간첩을 만들어내는지, 아니면 한 명도 못 잡고 그 모두를 바보로 만들어버리는지 아무도 알 수가 없다. 피해자들은 그 밀실에서 나올 때에 자기가 그 안에서 보고 겪은 일에 대해서는 일체 발설하지 않겠다는 각서를 쓰고 나오기 때문에 더욱이나 그렇다. 그러나 내가 감옥 안에서 만난 대부분의 공안수

들은(북에서 남파된 사람들은 제외하고) 조작간첩이었다.

한 사람의 간첩을 만들기 위해서는 수많은 주변 사람들이 밀실에 끌려들어가 고초를 당해야 한다. 이들과 옥에 갇힌 관제 간첩들의 가족과 주변 인물들의 고통까지 모두 감안한다면 국가보안법의 인권침해 수준은 실로 전국적이라 하지 않을 수 없다. 인권침해는 여기서 그치는 것이 아니다. 형을 살고 나오더라도 끊임없는 보안관찰에 시달려야 하고 제대로 된 직업을 가질 수조차 없다. 한마디로, 어느 날 갑자기 국가기관에 의해 간첩으로 낙인찍히는 순간부터 '그'는 더 이상 대한민국 국민이 아니다. 그리고 '그'는 지금 이 글을 읽고 있는 당신일 수도 있다.

나는 법에는 문외한이지만 어느 나라에도 범죄를 저질렀다고 국민으로부터 제외된다는 말은 들어본 일이 없다. 하물며 조작된 범죄임에랴! 1948년에 국가보안법이 제정된 이래 무려 수십만 명에 달하는 사람들이 이 법에 의해 처벌을 받았다. 얼마나 무분별하게 잡아넣었는지 정확한 통계 기록조차 찾기 힘들다. 제정 당시에만 1년 사이 11만 명을 잡아넣었다고 하니 다만 미루어 짐작할 뿐이다.

지금 이 땅에는 지난 50여 년간 국가보안법으로 피해를 입은 수많은 사람들의 영혼이 중음신이 되어 산하를 떠돌고 있다. 이들의 넋을 위로하고 다시는 그런 일이 반복되지 않도록 다 함께 다짐하고 제도적 장치를 마련해야 함에도 아직도 이 법의 존치를 고집하는 이 땅의 현실은 도대체 무엇이란 말인가!

튀지도 말고 뒤처지지도 말고

서울 여의도에 있는 대기업 본사의 중견 사원인 박씨는 월급의 크기로 보나 사는 모습으로 보나 그 스스로 우리 사회의 평균인으로 생각하고 있다. 강남의 한 아파트에 살고 있는 그의 부인 역시 아이들을 학교에 보내고 나면 동네 미용실에서 여성잡지를 뒤적거리면서 머리를 하고 또래의 젊은 엄마들과 수다를 떠는 평범한 가정주부이다.

박씨는 요즘 3년째 굴리고 있는 자동차를 새 모델로 바꿀 것을 심각하게 저울질하고 있고, 부인은 지난 1주일 동안 TV 홈쇼핑을 통해 벌써 세 차례나 구매 신청을 한 바 있다. 가끔 박씨가 잔소리를 하지만 부인은 생활에 꼭 필요한 것을 싸게 사는데 쓸데없이 참견하지 말라고 대꾸한다. 고등학교 다니는 아이는 매일같이 새로 나온 휴대폰을 사달라고 노래를 한다. 쪽팔려서 학교엘 다닐 수 없단다. 박씨는 이 모든 것을 감당하기 위해 신중하게 가계경제를 점검하고 계획한다. 때로 예기치 못한 상황이 벌어져 카드를 긁어 해결하기도 하지만 지금까지 그런대로 큰 빚은 안 지고 한국 사회가 요구하는 생활수준을 유지해왔다.

퇴근길에 지하철을 타려고 인파를 헤치며 총총걸음을 하다가 박씨는 가끔 얻어맞은 듯 '나는 행복한가?' 하고 자문해본다. 안정된 직장을 가지고 있고 아이들과 아내가 건강하고 또 남들에게 뒤떨어지지 않을 정도의 생활수준을 유지하고 있으니 불행한 것은 분명 아니라고 자위한다. 그러나 그것뿐이다. 큰 기쁨도 없고 큰 슬픔도 없다. 그저 그렇고 그런 상태를 유지하기 위해 그는 하루 종일 전투 상태에서 일을 한다. 부인은 부인 나름대로 아이가 경쟁에서 처지지는 않을까, 어디 좀 더 싸고 좋은 상품이 나오지는 않았을까 조바심을 내며 하루를 보낸다.

저녁에 온 가족이 한자리에 모이면 으레 TV 앞에 앉아 초단위로 터지는 기발한 광고화면을 보며 감탄한다. 드라마에서는 자신들과 비슷한 사람들이 나와 돈과 직장과 사람들 사이에서 지지고 볶는 장면을 이리 꼬고 저리 꼬아가며 끝없이 보여준다. 잘 시간이 되어 TV를 끄면서, 사람들 사는 게 다 그렇지 하며 자신들의 삶도 그다지 나쁜 것은 아님을 다시 한 번 확인한다.

이렇게 평균인 박씨와 그 가족은 평화롭고 자유로운 대한민국에서 아무 걱정 없이 잘 먹고 잘 살았다는 얘기가 5백 년 후에 열어본 타임캡슐에 고스란히 적혀 있다. 그러나 타임캡슐을 열어본 사람 중에 박씨의 후손은 하나도 없었다. 박씨뿐 아니라 그가 살았던 지역의 후손

역시 하나도 없었다. 그사이 어떤 일이 일어났던가?

박씨가 죽고 나서 약 1백 년 후에 지구상에 엄청난 대격변이 일어났던 것이다. 기상이변으로 극지방의 얼음이 녹아내려 해수면이 급격하게 높아져 저지대의 도시들이 물에 잠겼는가 하면 전염병과 원인을 알 수 없는 괴질이 만연하여 전 세계 인구의 절반이 죽어나갔다. 이미 박씨가 살아 있을 때부터 불붙기 시작한 빈부격차와 독선적 종교에 의한 전쟁이 지구를 휩쓸었고 태풍, 지진, 해일, 홍수 등의 재앙이 해를 거듭할수록 격심해졌다. 다행히 박씨는 불안한 가운데서도 천수를 누릴 수 있었으나 그의 후손들은 끔찍한 재앙과 전쟁 통에 그만 맥이 끊기고 말았다.

박씨의 살아생전 신조는 '튀지도 말고 뒤처지지도 말자'였다. 이도 저도 아닌 평균 속에 안정과 평화가 있다고 생각했다. 남들이 하는 만큼 소비하고, 남들이 하는 만큼 갖다버리고, 남들이 하는 만큼 양심을 지키며 살았다. 노년에 접어들수록 세상이 험악해지는 것을 보며 평균적 삶을 무시하는 '극단주의자'들 때문에 이렇게 나빠지는 것이라고 생각했다. 잦은 천재지변은 지구의 주기적인 발작이며 거기에 설사 인재로 인한 요소가 있다 하더라도 한국보다 훨씬 잘사는 선진국들의 책임이라고 생각했다. 박씨는 죽기 전까지 자신의 '평균적 삶'에 문제가 있다고는 한 번도 생각해본 일이 없다.

평균인 박씨가 평생을 두고 잘 몰랐거나 알려고 하지 않았던 사실은 다음 세 가지 정도로 정리할 수 있다.

첫째, 자신이 대한민국 평균인이라고 생각했던 것은 지구 인구 60억 가운데 10퍼센트 안에서의 평균이었던 것이다. 결국 지구 전체로 본다면 그는 평균인이 아니라 물질적으로 혜택을 받은 소수의 특권계층에 속했다고 할 수 있다.

둘째, 지구 전체가 마치 우리 몸의 혈관이나 신경망처럼 하나로 연결되어 있다는 것이다. 피가 신체의 어느 특정 부위에만 과다하게 쏠리면 몸 어딘가에 이상이 생기는 것처럼 지구 반대편에서 벌어지고 있는 기근과 질병, 그리고 자연재해는 선진국의 과소비와 관련이 있다. TV에서 신제품이 소개되면 부지런히 사주어야 경제가 잘 돌아가는 것으로만 알았지 그로 인해 지구 전체에 폭력과 빈곤이 확대되고 있음은 보지 못했다.

셋째, 자신이 지극히 당연한 것처럼 여기던 세계관이 실은 90퍼센트의 민중과 지구 생태계를 볼모로 게임을 벌이고 있는 소수의 장사꾼들에 의해 주입된 것임을 몰랐다.

평균인 박씨의 삶은 말 그대로 불행하지도 행복하지도 않았지만 결과적으로 욕심 사나운 소수의 지배자들을 살찌우고 지구 생태계를 파괴하는 데 일조한 셈이다. 자신의 삶만을 본다면 무난하다고 할 수 있을지 모르나 후손의 처지에서 보면 원망스러운 삶이 아닐 수 없다. '튀지도 말고 뒤처지지도 말자'는 그의 신조가 후손들의 삶을 궁지로 내몰 줄 어찌 알았겠는가 말이다.

멀리 내다보기

누구도 생각해본 적이 없는 기적이 일어난다. 한 소녀가 공터 한구석에 심어놓은 강낭콩 싹이 사람들의 마음에 잔잔한 파문을 일으킨 것이다. 소녀가 심어놓은 가녀린 콩줄기가 행여 말라죽지나 않을까 조바심을 내던 사람들은 급기야 자기만의 텃밭을 일구기 시작한다. 전에는 서로 마주쳐도 인사를 하는 둥 마는 둥 했던 사람들이 먼저 말을 걸기에 바빴다. 이렇게 몇 계절을 거치는 동안 어느덧 그곳은 생명과 사랑이 흘러넘치는 '녹색 아파트 공동체'로 변해갔다.

도시를 바꾸는 작은 씨앗

권태와 빈곤이 덕지덕지 묻어나는 미국의 한 이주민 아파트 단지. 공터에는 주민들이 함부로 버린 쓰레기와 오물들이 뒤범벅 되어 있다. 아파트 주위는 물론 사람들의 표정 어디에도 생기라곤 찾아볼 수가 없다.

그러던 그곳에 누구도 생각해본 적이 없는 기적이 일어난다. 한 베트남 소녀가 공터 한구석에 심어놓은 강낭콩 싹이 사람들의 마음에 잔잔한 파문을 일으킨 것이다. 소녀가 심어놓은 가녀린 콩줄기가 행여 말라죽지나 않을까 조바심을 내던 사람들은 급기야 자기만의 텃밭을 일구기 시작한다. 흉물처럼 쌓여 있던 쓰레기와 오물이 치워지고 그 자리에 다양한 크기와 모양의 텃밭이 속속 들어선다.

일거리가 없어 허구한 날 방구석에 틀어박혀 TV나 보던 사람들과 을씨년스러운 길거리가 싫어 외출을 삼가고 있던 노약자들, 놀이터가 없어 PC방으로 몰려다니던 아이들, 고된 노동으로 하루 일과를 마치고 돌아와 식구들에게 지청구부터 늘어놓던 가장들, 식품점에 갈 때마다 감자 한 알을 가지고 수없이 들었다 놓았다를 반복하는 외국인 노동자들, 아이를 학교 보내놓고 할 일 없이 모여서 날 흉보기에 골몰하던 주부들이 팔을 걷어붙이고 나섰다. 누가 더 풍성하고 예쁜 텃밭을 만드나 시합이 벌어진 것이다.

매일같이 공터로 출근하다 보니 전에는 서로 마주쳐도 인사를 하는 둥 마는 둥 했던 사람들이 자기가 심어놓은 채소가 얼마나 잘 자라는지 자랑하느라, 또는 옆집 농사의 비결을 정탐하느라 먼저 말을 걸기에 바빴다. 이렇게 몇 계절을 거치는 동안 어느덧 그곳은 불결함과 무기력 대신 생명과 사랑이 흘러넘치는 '녹색 아파트 공동체'로 변해갔다.

이것은 폴 플라이쉬만이 쓴 《작은 씨앗을 심는 사람들》이란 책에 나오는 이야기이다. 소설의 형태를 띠고 있기는 하지만 도시농업을 이해하는 데 있어 부족함이 없는 책이다.

IMF 사태 직후 한때 귀농인구가 반짝하고 늘어난 적이 있다. 그러나 대부분은 얼마 안 가 다시 도시로 돌아가고 말았다. 이 시대에 전업농으로 생계를 유지한다는 것이 얼마나 어려운 일인지 확인했을 뿐이다. 전업농은 아무나 하는 것이 아니다. 태생이 농부이거나 사업가 뺨치는 경영능력이 없으면 어림도 없는 일이다. 전업농은 이렇듯 힘들고 게다가 국민 대부분이 도시에 기반을 두고 사는 마당에 부분적으로나마 농업 문제를 해결하는 좋은 방법이 바로 도시농업이다. 도시농업은 위에서 보듯 도시와 근교를 배경으로 도시 문제와 식량주권 문제를 동시에 해결할 수 있는 탁월한 전략이다.

어쩌면 도시농업은 과도한 도시화로 인해 삶의 질이 극도로 나빠진 한국 사회가 선택할 수 있는 유일한 웰빙 정책인지도 모르겠다. 도시농업의 이점은 일일이 열거하기 힘들 정도로 넓고 다양하다.

첫째, 자기가 농사지어서 먹으니 가계비 절약은 물론 식품안전을 걱정할 필요가 없다.

둘째, 가장 골치 아픈 도시 문제 가운데 하나인 음식물 찌꺼기의 전면적인 재활용이 가능해진다.

셋째, 도시농업에 참여하는 사람이 많을수록 자연히 나라 전체의 식량자급률도 높아진다.

넷째, 각각의 텃밭에서 지속적으로 종자를 받아 경작함으로써 살아 있는 '종자은행' 역할을 할 수 있다.

다섯째, 도시 녹화에 기여함으로써 사람과 동식물 모두에게 살기 좋은 환경이 만들어진다.

여섯째, 도시의 유휴 노동력을 이용할 수 있으므로 경제적 효과와 함께 사회불안 요소가 줄어든다.

일곱째, 자라나는 아이들과 청소년들에게 도시를 벗어나지 않고도 자연교육의 기회를 마련해줄 수 있다.

여덟째, 스트레스와 강박증에 시달리는 도시인들이 원예치료 효과를 볼 수 있다.

아홉째, 동네 텃밭을 일굼으로써 잃어버린 공동체를 회복할 수 있다.

이미 대부분의 선진국에서는 도시농업의 이러한 긍정적인 효과를 인정하여 도시농업이 중요한 도시 정책의 하나가 된 지 오래이다. 일례로 캐나다 서부해안의 최대 도시인 밴쿠버의 경우 시민의 44퍼센트가 도시농업에 관여하고 있으며, 독일의 수도 베를린에는 시유지에 마련된 커뮤니티 농장에서 농사를 짓는 시민이 8만 명이나 된다. 선진국을 따라잡으려면 자동차 대수가 아니라 이런 분야를 본받아야 할 것이다.

작은 것이 희망이다

20세기의 성자로 일컬어지는 마하트마 간디는 일찍이 '대량생산'이야말로 현대사회의 모든 부조리와 모순의 원천이라고 주장한 바 있다. 초 단위로 수백억 단위의 돈이 왔다 갔다 하는 시대에 간디의 이 말을 귀담아듣는 사람은 별로 없을 것이다. 사정을 좀 아는 사람들이라 해도 간디의 주장은 인도라는 특수한 조건에서나 나올 수 있는 말이라고 고개를 끄덕일 뿐이다. 하긴 요즘 세상에 자기 옷을 스스로 짓겠다고 오두막에 앉아 물레를 돌리고 있다면 참 특이한 취미를 가졌다고 감탄은 할지 몰라도, 그것이 지금의 물질문명을 대신할 수 있는 대안이라고 생각할 사람은 없을 것이다. 그러나 과연 그럴까? 간디의 사상이나 인도의 상황을 떠나서 생각해보자.

지난 수년간 한국 사회를 강타한 대부분의 큰 사건들은 모두 '대규모'를 지향하는 현대사회의 맹점과 관련이 있다. 새만금을 사례로 들 수 있다. 애초에 새만금을 기획한 이유에는 서해안 시대를 맞이하여 전북지역의 '낙후'를 일거에 해소할 수 있는 물류중심지를 만들어보려는 지방자치단체의 욕심과 장차 일어날지도 모를 식량대란을 대비하여 거대한 농경지를 확보하려는 중앙정부의 원려(遠慮)가 깔려 있다.

서해안 시대란 세계 최대의 제조공장으로 떠오른 중국과의 교류를 뜻한다. 그렇지 않아도 중국산 농수산물의 수입으로 인해 전통적인 농업지역인 호남지방의 경제가 마비 지경에 이른 터에 대중국 교역의 중심지가 되겠다는 것은 농업을 아예 포기하겠다는 말과 같다. 이렇게 농업을 포기하면서 농경지를 더 확보한다는 것은 앞뒤가 맞지 않는 말이다.

정부는 어째서 이런 터무니없는 일을 하고 있을까? 그곳은 대한민국에서 똑똑하다는 사람들이 다 모여 있는 곳이 아닌가? 분명히 그들은 농업으로는 살 길이 없음을 알고 있었기 때문에 그런 일을 벌였을 것이다. 새만금의 목적은 농업이 아니라 한국에서 가장 수익성이 높은 자본재인 토지의 대량획득과 물류 및 서비스업을 통한 지역경제의 활성화에 있다. 토지를 많이 가질수록 언젠가 부자가 된다는 것은 대한민국에서 거의 철칙과도 같다. 그리고 수익성이 가장 높은 3차 산업을 집중적으로 키우는 것이 가장 경제적이라는 것은 초등학교 학생도 알고 있는 사실이다. 결국 정부는 경제적 관점에서 볼 때 가장 적절하고도 현명한 결정을 한 것이다. 때문에 지역주민의 절대 다수가 새만금 사업에 희망을 걸고 있고, 침묵하는 다수의 국민들은 분노에 찬 환경론자들의 항의를 모른 체하고 있는 것이다.

여기에서 우리는 정부와 관료 그리고 국민 대다수가 '큰 것'과 '경제지상주의'라는 환상에 빠져 있음을 볼 수 있다. 사람들은 통속적인 경제학 교과서에 나오는 경제수치가 크면 클수록 잘 산다고 굳게 믿고 있다. 정부 역시 같은 믿음에 근거하여 오로지 수치 불리기에 골몰한다. 큰 숫자를 가진 사람이 세상을 지배하고 또 존경까지 받으니 큰 숫자를 차지하는 것이 인생의 목표요 사는 보람이 된다. 태어나서 죽는 날까지 숫자놀음 경쟁에서 단 하루도 쉴 수가 없다.

이렇게 해서 우리 모두가 행복해지고 세상이 더욱 살 만해진다면 아무 불만이 없을 것이다. 그러나 나타난 결과는 정반대이다. 사회는 더 각박해지고 세계의 무역조건은 더 까다로워진다. 뿐만 아니라 '큰 것' 추구와 경제지상주의 앞에서 자연환경은 회복되기 어려운 상태로 빠져들고 있다. 아니 결과는 둘째 치고 과정 자체가 도무지 견디기 힘들다. 이 나라에서 경제지상주의의 첫 '총성'이 울린 1962년 이래 지금까지 국민들은 단 한 번도 정부로부터 이젠 먹고살 만해졌으니 허리띠를 풀고 좀 즐겨보자는 소리를 들어본 일이 없다. 그러기는커녕 지금 당장 더 조이지 않으면 낙오자가 된다며 끊임없이 몰아치고 있다. 마치 브레이크가 고장난 차를 타고 내리막길을 달리고 있는 기분이다.

자연계에는 큰 것도 있고 작은 것도 있다. 큰 것은 면적을 많이 차지하고 힘도 세지만 대신에 개체수가 적다. 인간은 자연계에서 큰 것에 속한다. 당연히 면적을 많이 차지하고 힘도 세다. 그러나 개체수가 너무 많다 보니 작은 것들이 들어설 틈이 없다. 원래는 작은 것이 개체수가 많아 큰 것의 먹이도 되고 분해자도 되어 생태계의 균형을 맞추어 주었지만 지구상에 인간이 출현한 이후 이 관계가 깨지기 시작했다. 문명이란 이름 아래 자연계에 없던 새로운 먹이를 대량으로 만들어내고 분해자의 접근을 원천적으로 막아버린 채 폐기물을 대량으로 내다 버림으로써 먹이사슬의 고리마저 끊어버리고 있다.

너도나도 큰 것을 추구하면 모두 망하지만 너도나도 작은 것을 추구하면 모두가 산다. 그렇게 되면 지금 우리가 겪고 있는 대부분의 문제들은 간단하게 해결된다.

정치

정치의 꽃은 뭐니 뭐니 해도 선거이다. 정치의 단위가 철저하게 지역자결을 원칙으로 한다면 지금과 같은 선거과열이나 부정은 생각하기 힘들다. 우리나라 정치는 늘 지역을 발판으로 중앙에 진출하려는 야망가들에 의해 난장판이 되곤 했다. 지역이 중앙을 위한 배경이 아니라 그 자체로 최고의 목적이 된다면 정치는 완전히 달라진다.

선거에 임하는 후보자들은 중앙의 눈치를 볼 필요가 없고 또 젊은 시절 중앙에 가서 경력을 쌓을 필요도 없다. 지역민들은 지역의 참된 일꾼이 누구인지 잘 알기 때문에 후보자들이 지역을 위한 봉사 외에 한눈을 파는 일은 없다. 따라서 정치가 권력의 행사가 되지 않으려면 지역에서 되도록 전국을 상대로 하는 대형 프로젝트를 기획하지 않는 것이 좋다. 대형 프로젝트는 지역 간에 한탕주의 경쟁을 불러일으켜 결국 지역경제를 속 빈 강정으로 만들고 정치는 겉물만 돌게 된다. 그보다는 지역민을 위한 섬세하고 작은 프로젝트를 다양하게 마련하는 것이 훨씬 효과적이다.

경제

지금 지역의 생산활동은 거의 모두 대도시를 겨냥하여 이루어지고 있다. 지역에서 단일 품목을 대량으로 생산하여 밤새도록 대도시로 실어나르고 지역민들은 다시 도시에서 그것들을 비싼 값에 사들인다. 이런 구조에서 지역은 도시를 위한 생산기지 외에 아무것도 아니다. 지역민을 위한 생산을 늘려야 한다.

예컨대 지역의 슈퍼마켓 진열대에 올라 있는 가공식품을 보자. 그것은 지역에서 생산되어 일단 물류센터에 모인 다음 다시 지역으로 보내진 것이다. 지역민들이 이 상품을 살 때 지불하는 것에는 이 과정에 들어가는 장거리 수송비용과 포장비용, 광고비, 인건비가 다 포함되어 있다. 직영이 아닐 때는 중간상인 마진까지 지불해야 한다. 지역에서 지역민을 위한 생산이 이루어지면 다 필요없는 비용이다. 같은 돈으로 몇 갑절 좋은 상품을 만들어 지역민에게 공급할 수 있다. 시류에 편승해 큰돈을 벌려고 하기보다 지역주민들의 실제적인 요구에 부응하는 생활공동체적 접근이 필요하다.

사회

거대사회는 자연과의 분리를 전제로 한다. 회색의 콘크리트 바닥 위에 세워진 거대한 관료지배체제 아래 인간은 개별화되고 왜소해진다. 왜소한 인간은 자기만의 사적인 영역에 집착함으로써 사회에 대한 무력감을 떨쳐버리려 한다. 왜소한 인간이 크게 되는 경우는 남을 도와주거나 남을 지배하거나인데 경쟁 위주의 사회에서는 후자가 더 일반적이다. 거대사회에서 실현되는 '큰 나'는 소유욕이나 지배욕을 한껏 부풀린 것에 지나지 않는다.

반면에 '작은 사회'에서는 한 발자국만 나가면 늘 자연을 접할 수 있고 사회 안에 누구누구가 살고 있는지 파악할 수 있다. 빤히 다 알고 있는 처지에 누구를 지배하거나 무단히 환경을 파괴할 일도 없다. '작은 사회'에서야말로 인간은 자주적인 능력을 발휘할 수 있는 여지가 많다. 그리고 나와 사회(공동체)와 자연의 연속성 가운데 '큰 나'가 실현될 가능성이 더 많다.

문화

돈이 있는 곳에 문화가 있다. 따라서 모든 문화는 도시에 몰려 있다. 돈과 문화를 분리시켜야 한다. 돈이 있어야만 유지되는 문화는 가진

자들을 위한 사치 또는 가진 자들에 대한 아부에 지나지 않는다. 살아가는 그 자체, 저마다의 삶에서 나타나는 특별한 향기와 형태를 함께 즐기고 축하하는 것을 문화로 규정해야 한다.

이웃동네 김씨 할아버지가 특별히 싸리 빗자루를 잘 만들면 동네 사람들이 찾아가 그 솜씨를 칭찬하고 할아버지는 자신의 기술을 사람들에게 친절하게 가르쳐준다. 읍내의 박씨 아주머니는 육자배기를 기가 막히게 잘 뽑아서 동네에 잔치가 열리면 박씨 아주머니가 와서 한바탕 놀아주고 돌아갈 때 안주인이 아주머니 손에 잔치음식을 한 소반 담아준다. 귀향한 화가 백씨는 마을축제 때 자신이 지도한 주민들과 함께 마을회관에서 조촐한 전시회를 갖는다.

종교

현대의 종교는 종교의 본질로부터 멀리 벗어난 지 오래다. 조직을 유지하기 위한 종교요, 사람을 지배하기 위한 종교가 되어버렸다. 종교는 조직화되어 '큰 것'을 추구하는 순간 그 자신의 가르침으로부터 멀어지게 된다. 종교는 다른 종교와 경쟁하면서 커가는 회사가 아니다. 경쟁은 배타적인 마음을 이끌어내고 배타적인 마음은 마음의 평화를 해치며 사회를 분열시킨다. 종교의 본질은 스스로의 영성을 돌보고 내 이웃의 영적 발전을 위해 자신을 내놓는 것이다. 이러한 일은 조직이 작을수록 더욱 효과적으로 할 수 있다.

부처님과 가섭존자 사이에 있었던 염화의 미소는 진리를 추구하는 작은 그룹 안에서 꽃처럼 피어난 작은 불꽃 같은 것이며, 예수에 대한 베드로의 신심은 한 줌도 안 되는 제자들이 예수를 중심에 두고 경험한 끈적끈적한 우정과 배신 가운데 싹튼 것이지 잘 알려진 어떤 권위에 무작정 굴복한 결과가 아니다.

우리는 새만금 사업으로 인해 귀중한 갯벌이 사라지는 것 못지않게 그 긴 해안선을 따라 발달한 수백 개의 작은 마을의 운명 또한 생각해야 한다. 말 못 하는 작은 생명을 짓밟고 평화로운 작은 마을들을 없애 버리는 것을 진보라고 생각하는 한 이 땅에 미래는 없다. 이 시대의 진보는 작은 것들 속에 있기 때문이다. 민감한 지구 생태계는 더 이상 인간들의 '큰 것 추구'와 '경제지상주의'를 견뎌내지 못하고 대반격을 해올 것이고, 그렇게 되면 작은 것들만 살아남을 것이다.

소유와 소비를 넘어
나눔의 공동체로

소비를 미덕으로 삼는 자본주의 경제의 가장 큰 문제는 사람들을 물신주의(物神主義)라는 거역할 수 없는 이데올로기에 가두어놓고 스스로 행복하다고 믿게끔 만드는 데 있다. 그것은 마치 마약중독자가 환각상태에서 행복하다고 느끼는 것과 다름없다. 불교에서 이 세상은 그 자체가 환영이라고 말하고 있는데 자본주의 사회야말로 이 말을 확인할 수 있는 정확한 사례가 아닌가 싶다.

자본주의 체제에서는 할 수 있는 한 더 많이 소비하고 욕심껏 소유하는 자가 성공한 사람으로 인정받는다. 왜냐하면 그런 사람들이 많아야 시스템이 잘 돌아가기 때문이다. 이로부터 빈부격차와 소외 같은 온갖 사회적 병리현상과 환경파괴가 일어나지만 생산과 소비가 계속되는 한 다른 문제는 모두 부차적인 것이 된다. 그야말로 소유와 소비는 존재의 이유가 된다.

어떻게 보면 자본주의는 욕망 덩어리로서의 인간에게 가장 적합한 사회체제일지도 모른다. 서구사회에서 심리학이 고도로 발달한 이유도 사람들에게 끊임없이 소비하고자 하는 욕망을 불러일으켜야 하는 자본가들의 요구와 무관치 않다. 결국 대부분의 사람들은 소비중독에 걸린 욕망의 포로로서 생을 마치게 된다.

　인간이 스스로 자신의 욕망을 통제할 수 있을 정도로 수양이 깊어지지 않는 한 이 체제는 쉽사리 허물어지지 않을 것 같다. 그러나 자본주의 체제는 다음과 같은 두 가지 이유로 근본적 변화를 겪거나 종말을 맞이할 수밖에 없다. 첫째 이유는, 지구자원의 고갈로 인해 대량생산과 무한소비를 감당할 수 없게 되는 시기가 온다는 것이다. 만약 중국과 인도인들이 서구인들과 같은 소비수준을 갖게 된다면 지구가 몇 개 더 필요하다는 계산이 있다. 불행하게도 오늘날 중국과 인도뿐 아니라 세계의 거의 모든 나라들이 서구를 따라잡으려고 안간힘을 쓰고 있다. 이와 같은 추세라면 가까운 미래에 유기체로서의 지구는 자신의 생명을 유지하기 위해 심한 몸부림(자연재해)을 치게 될 것이다.

　둘째 이유는, 극심한 빈부격차로 인한 사회불안을 해소할 길이 없다는 것이다. 소비가 미덕인 사회에서 소비하고 싶어도 소비할 최소한의 돈마저 없는 사람들은 존재이유가 없는 것과 같다. 부가 소수의 손에 집중될수록 빈곤층은 더욱 확대될 수밖에 없는데 이들을 모두 국가의 공적자금으로 먹여 살린다는 것은 자본주의 원리에도 어긋난다. 결국 이들은 자연재해와 세계적인 대공황이 겹쳐 일어날 경우 체제 파괴의 선봉이 될 가능성이 많다. 이 점을 잘 알고 있는 자본주의는 끊임없이 변용을 해나가고 있지만 근본적인 해결책은 내놓지 못하고 있는 실정이다. 현재의 삶이 행복하지도 않고 미래 또한 그러하다면 우리는 앉아서 파국을 기다릴 것이 아니라 적극적으로 파국을 대비하여 지금부터라도 새로운 삶의 방식을 개발할 필요가 있다.

　새로운 삶의 방식은 당연히 소유와 소비를 극복하는 것이어야 한다. 소유와 소비 그 자체는 결코 나쁜 것이 아니지만, 대량생산 체제와 결부되는 순간 나쁜 것이 되고 만다. 대량생산 체제는 일단 물건을 만들어놓으면 어떻게 해서든 다 소비시켜야 다음 생산이 이루어질 수 있기 때문에 어쩔 수 없이 불필요한 소비가 일어나고 소수의 생산자와 판매자에게 재화가 집중된다. 그리고 자유경쟁 체제에서 뒤지지 않으려면 끊임없이 확대재생산을 해야 하므로 불필요한 소비와 과도한 소유의 집중은 더욱 심해진다.

　이렇게 해서 대량생산 — 대량소비 — 대량폐기의 파괴적 사회체제가 구조화된다. 따라서 대량생산 체제로부터 벗어나는 것이 새로운 삶으로의 첫걸음이 되어야 한다. 이것은 다시 말해 기존 사회체제로부터 이탈하는 것을 의미한다. 과연 그러한 시도가 가능할까? 물론 가능하다. 쉽지 않아서 그렇지. 이것은 마약중독자가 마약을 끊는 것과 같은 결심과 노력이 필요하다. 그만큼 우리는 대량생산 체제에 익숙해져 있기 때문이다.

　대량생산 체제가 가능해진 산업혁명 이래 이러한 시도는 수없이 행해져왔고 지금도 진행되고 있다. 그 대표적인 시도가 바로 공동체운동이다. 공동체는 말하자면 대량생산 체제로부터 벗어나고자 하는 사람들을 위한 희망이자 대안인 셈이다.

자본주의 체제가 그 절정기를 넘어 후기로 접어들면서 그때까지 묵묵히 견뎌왔던 지구 생태계가 급격히 무너질 징조를 보이기 시작했다. 체제고 뭐고 간에 생명의 터전 자체가 무너질 위기에 처한 것이다. 이제 종(種)으로서의 인류가 살아남자면 생태주의 원리로 삶의 양식을 재구성하지 않으면 안 된다는 것이 명확해졌다.

따라서 '생태주의'와 '공동체'는 자본주의적 대량생산 체제를 극복하는 핵심개념이 되는 것이다. 생태주의에 입각한 공동체사회가 어떤 것인지 한마디로 정의하기는 어렵다. 다만 분명한 것은 소규모 생산자와 공동체가 유기적으로 결합된 순환사회라는 것이다. 지금의 사회와 비교해볼 때 대안사회의 특징은 '성장'이나 '발전'보다는 '순환'에 더 무게중심을 두며, 몇몇 빼어난 개인들을 우상으로 만들기보다는 다양한 보통 사람들 사이의 '조화'에 더 관심을 가진다는 것이다.

그런데 자본주의가 지금까지 수많은 위기를 잘 헤쳐왔듯이 지금의 대량생산 체제를 바꾸지 않고서도 생태적 위기를 넘어설 수 있다고 믿는 사람들이 있다. '지속가능한 발전' 또는 '생태적 근대화'가 이들이 내놓은 이론이다. 환경적 요인을 잘 고려하면 대량생산 체제를 바꾸지 않고서도 지속적인 성장이 가능하다는 이론이다.

'지속적인 발전' 또는 '지속적인 성장'이란 말에는 지금까지 살아왔던 삶의 형태를 바꾸고 싶지 않다는 의지가 담겨 있다. 발전이나 성장은 생산력에 무게를 둔 말이다. 그러나 지금 인류가 맞고 있는 위기는 낮은 생산력 때문이 아니라 과도한 생산력과 그로 인한 부의 불균형한 분배 때문에 일어난 것이다. 따라서 위기를 극복하기 위해서는 생산력 발전의 속도를 낮춤과 동시에 균등한 분배에 더욱 힘을 쏟아야 한다. 이것은 대량생산 체제에서 결코 할 수 없는 일이다.

  작은 공동체와 개인이 중심이 되는 사회경제 체제가 낮은 생산력 때문에 유지되기 어렵다고 믿는 이들은 지금까지 누려왔던 소유와 소비의 기준에 입각해서 그런 생각을 한다. 소유와 소비의 기준을 낮추고 대신 '나눔의 극대화'를 통해 유무상통한다면 밝고 건강한 사회를 유지하는 데 아무런 문제가 없다. 오히려 낮은 생산력과 나눔으로 인해 마음은 더욱 부자가 된다. 다만 사회가 급격하게 바뀔 순 없으므로 한편으로 기존의 사회체제를 유지하면서 다른 한편으로는 그것을 개량하려는 움직임(지속가능한 발전)과 전면적으로 이탈을 시도하는 움직임(생태공동체운동)을 동시에 시도함으로써 새로운 사회로 서서히 변해가는 것이다.

  그러나 무작정 기존의 체제로부터 이탈한다고 해서 저절로 생태공동체로 발전하는 것은 아닐 것이다. 그것은 마치 벌거벗고 황량한 벌판에 홀로 서는 것과 같다. 생태적이면서 공동체적인 삶을 추구하는 개인과 공동체가 서로 긴밀히 유대관계를 맺는 가운데 새로운 삶의 양식을 만들어나가야 한다. 그 과정에서 기존 사회가 소홀히 했던 '상생' '조화' '협동' 등의 가치를 몸에 익혀 새로운 인간으로 거듭나야 한다.

　아무도 가보지 않은 길을 가는 것이기에 거기엔 숱한 실패와 시행착오가 있을 것이다. 하지만 그것마저도 즐겁게 받아들일 수 있다. 창조의 새로운 힘이 거기에 숨어 있기 때문이다.

내가 야생초 짓기를 권하는 까닭

"아니 이게 무신 나물인데 이렇게 맛있남?"
"이것도 맛이 괜찮은데!"
"어떻게 서울 사람이 이런 걸 다 할 줄 안담?"
"야, 야, 요샌 슈퍼에서 이런 나물들도 다 갖다 팔기 때문에 서울 사람이 더 잘 안다."

당귀 싹을 좀 솎아주기 위해 마을 아낙들을 불러왔다. 점심 때 장 보러 읍내까지 갈 형편이 못 되어 농장 아래 풀밭에 내려가 이것저것 눈에 띄는 대로 먹을 만한 풀들을 따다가 찬을 만들었다. 마을 아주머니들은 내가 서울 사람인데도 나물 이름들을 잘 아는 것을 보고 슈퍼마켓의 확장으로 요즘은 서울 사람이 시골 사람보다 더 잘 안다고 단정짓는다.

글쎄, 슈퍼마켓 진열대에서 간혹 씀바귀나 머위, 두릅, 참나물 따위는 보았어도 모시풀이나 망초, 명아주, 쇠비름처럼 지천으로 깔린 풀들은 보질 못했다. 사람들은 무엇이든 희귀해야 더 맛이 있는 줄 알지만 실은 우리 주변에 지천으로 깔린 풀 중에 맛있는 것이 더 많다. 내가 서울 사람임은 틀림없지만 서울 사람이 시골 사람보다 나물에 대해 더 잘 안다는 것은 당치도 않은 소리다. 그렇다고 내가 어떻게 해서 그리 잘 알게 되었는지 식사 중에 장황하게 설명할 노릇도 아니었다.

한 가지 새로운 사실을 알게 된 것은 시골 분들이 의외로 나물에 대해 잘 모른다는 것이다. 이곳에 살면서 가만히 살펴보니 그도 그럴 만했다. 첫째로 집집마다 텃밭에서 야채를 조금씩은 다 부쳐 먹으니 굳이 야생초를 먹을 이유가 없고, 둘째로 워낙에 농촌 일손이 바쁘다 보니 집마당이나 논두렁에 먹음직스런 풀들이 수북해도 따먹을 엄두를 못 내는 것이다. 게다가 옛날같이 보릿고개가 있는 것도 아니니 야생초가 구황작물 역할도 못 한다. 오히려 신기한 것을 추구하는 도시 사람들의 변덕스러운 입맛을 다독여주는 별미로 자리잡은 듯하다.

다른 마을에 가봐도 사정은 비슷했다. 특히 환금작물을 지어 먹고사는 농민들은 더욱 심했다. 잘나가는 작물 한두 가지만 집중적으로 재배해서 그것을 팔아서는 쌀과 야채를 사먹는 것이다. 사정이 이렇다 보니 이 나라 농촌에 선조 때부터 해먹었던 식용 야생초에 대한 지식은 거의 사라지고 말았다.

문명이 발달할수록 사람들이 바보가 되는 느낌이다. 오로지 돈 버는 쪽으로만 두뇌가 발달해서 돈이 안 된다 싶으면 관심조차 두질 않는다. 돈이 주인 노릇을 하는 세상이니 당연하다 하겠으나 문제는 농민들이 그렇게 돈을 좇아 일을 해도 살림이 나아지지 않는다는 것이다. 농산물의 시장경쟁력이 워낙 없는데다 열심히 해봤자 중간상인들과 가공업자들이 중간에 큰 몫을 다 떼어먹으니 농민들의 손에 남는 것은 거의 없다. 무엇 하러 이런 불공정한 게임에 들어가서 허리뼈 부러지는 고생을 해야 하는가?

예전의 농부들은 주곡 농사 외에 달리 돈을 만들 능력도 기회도 없었지만 요즘의 신세대 농부들은 다르다. 그들은 교육수준도 높고 단순 농사 외에 부수입을 올릴 수 있는 능력도 갖추고 있다. 다양한 능력과 다양한 작물 선택이야말로 생존의 기본 전략이다. 경쟁력이 없는 주곡 작물이나 야채는 자기 먹을 정도로만 짓고 필요한 돈은 다른 방식으로 버는 것이 훨씬 현명한 처사이다. 이렇게 얘기하면, 그럼 도시 사람들은 누가 먹여 살리느냐고 묻는다. 그러나 농민들이 먹고살 수 있도록 보장도 못 해주면서 무조건 도시 사람 먹여 살리라고 하는 것은 도둑놈 심보나 다름없다. 이것은 농민이 아니라 국가가 책임져야 할 문제이다.

나는 지금부터 농민들이 주식을 위한 논과 밭의 면적을 확 줄여버리고 그 자리에 다양한 유용 야생초와 유실수를 심는 것이 농민 자신을 위해서나 생태계를 위해서 훨씬 바람직하다고 생각한다. 이렇게 했을 때의 이점이란 실로 무궁무진하다.

첫째, 허리 부러지는 노동으로부터 벗어나 먹고사는 일이 취미생활처럼 즐거워진다.

둘째, 노동량이 줄어들었음에도 돈을 벌 수 있는 기회는 더욱 많아진다. 야생초나 유실수를 가공하여 내다팔 수도 있고 아니면 그 시간에 수익을 위한 다른 노동을 할 수도 있다.

셋째, 식량대란이 일어나도 별 어려움 없이 생존할 수 있는 능력을 갖게 된다.

넷째, 생태계의 안정과 생물종다양성의 확대에 기여한다.

다섯째, 다양하고 영양가 풍부한 식생활을 하면서도 식비가 거의 들지 않는다.

여섯째, 약초로 활용하여 건강을 유지하는 데 도움을 받는다.

일곱째, 식물과 그를 둘러싼 환경에 대한 이해가 깊어짐에 따라 저절로 생태주의자가 된다.

여덟째, 자연에 대한 이해가 깊어지면 모든 것에 가격을 매겨 거래하는 삶이 얼마나 피곤하고 낭비적인지 알게 되면서 영적인 삶을 추구하게 된다.

이런 이점이 있음에도 왜 사람들은 기존의 방식을 고집하는 것일까? 이유는 간단하다. 새로운 방식에 대한 불안감 때문이다. 지난 반세기 동안 사람들은 자본에 의해 철저히 세뇌되어 돈이 안 될 것 같은 다른 방식을 택하면 무조건 죽는 줄 안다. 현금이 있어야 차도 사고 아이들 학교도 보내는데 새로운 방식이 과연 그런 현금을 만들어낼 수 있을까 의심한다. 틀린 말은 아니다.

그러나 새로운 방식은 새로운 형태의 삶을 추구한다는 것을 알아야 한다. 그것은 돈이 덜 들어가면서도 정신적으로 문화적으로 더 풍부한 삶을 사는 것이다. 그러기 위해서는 비슷한 지향을 가진 사람들끼리 의지하여 서로 돕고 살 수 있는 공동체적 구조가 필요하다. 때문에 예전의 전통 마을공동체를 회복하는 일이 무엇보다 중요하다. 문명이 한 바퀴 돌아 그 끝을 보고 다시 제자리로 돌아가는 것이다. 달리 방법이 없다.

지금도 세계 여러 곳의 '가난한' 농부들은 일 년에 백 가지가 넘는 식용 야생초를 경작지 주변에서 채취하여 먹는다. 돈이 풍부하면 돈으로 다 해결하려 들기 때문에 자연에 기대는 쪽으로는 가려 하지 않는다. 그러나 돈보다 자연이 더 위대하고 포용력이 크다는 사실을 믿어야 한다. 그 자연이 주는 최상의 선물인 야생초 안에 지금보다 훨씬 풍요로운 삶이 있다는 것도 믿어야 한다.

《야생초 편지》의 독자들에게

대구의 한 독자 분이 내게 장문의 편지를 보내왔다. 야생초는 자연 상태에 그대로 있을 때만 야생초이지 그것이 정원에 고이 심어질 때는 이미 야생초가 아니라고. 야생초의 복권을 노래한 것은 고맙지만 그로 인해 사람들 사이에 야생초 붐이 일어나면 의도와는 다르게 야생초의 수난이 우려된다는 것이다. 그러니 제발 야생초를 갖고 그만 떠들었으면 좋겠다는 내용이었다. 구구절절 옳은 말이다. 심지어 어떤 독자는 내가 야생초의 '효용'에 대해 밝혀놓은 것을 두고 '천기누설'이라고까지 말을 한다. 모두 다 생명을 사랑하고 아끼는 고귀한 마음에서 나온 충고다.

확실히 우리 사회에는 신기하고 새로운 것에 대한 과도한 편집증이 있는 것 같다. 특히 건강에 관해서는 체면이고 뭐고 없다. 무엇이 건강에 좋다고 하면 우르르 몰려가서 뿌리를 뽑아버리고, 새로운 뭔가가 나타나면 또 우르르 몰려간다. 솔직히 나는 산에 오르기가 겁이 난다. 조금이라도 매스컴을 탄 식물이나 나무들은 다 뽑혀나가고 맨 그렇고 그런 풀과 나무만 남아 있기 때문이다. 특히 껍질을 이용하는 나무의 경우 알몸을 허옇게 드러내놓고 말라죽어가고 있는 모습을 보노라면 분노를 넘어 허탈한 심정이 된다. 이러한 세태에 《야생초 편지》가 베스트셀러가 됐으니 진정 야생초를 사랑하는 사람들로서는 걱정이 아니 될 수 없는 것이다.

어이없는 일이지만 책이 출간된 직후 가장 먼저 인터뷰를 요청한 어느 잡지사의 기사 제목은 '황대권의 야생초 건강법' 이었다. 어떤 야생초를 어떻게 먹고 건강이 좋아졌다는 식의 건강법이야말로 건강에 대한 우리의 관념을 왜곡하고 자연을 파괴하는 원흉이라고 생각하기 때문에 나는 당신들의 인터뷰에 응할 수 없다고 거절했다. 그러자 그들은 선생님의 견해를 그대로 실을 테니 인터뷰를 하자고 끈질기게 물고 늘어졌다. 내 견해를 그대로 싣겠다는데 거절할 이유가 없었다. 나는 야생초 몇 가지를 먹고서 건강이 회복된 것이 아니라고 단호히 말했다. 건강을 지키기 위해선 약도 물론 중요하지만 자신이 살고 있는 환경과 생활패턴을 건강하게 바꾸는 게 더욱 중요하다는 것이 나의 지론이다.

야생초 건강법이 효과를 보려면 야생초를 사랑하고 야생초와 하나가 되려는 마음가짐이 선행돼야 한다. 달리 말하면 생명에 대한 이해와 깨달음이 있어야 한다. 도시의 아파트에 앉아 배달돼온 녹즙이나 받아먹고 장사꾼들이 마구잡이로 캐어와 화분에 담아 파는 야생초를 들여다보면서 그런 깨달음이 생길 수 있을까? 사람들이 현재와 같은 착취적인 도시구조 속에 갇혀 살면서 야생초 붐에 휩쓸리게 되면 야생초가 일대 수난을 겪게 되리라는 것은 불을 보듯 뻔하다.

그래서 나는 어디에 가서 나를 소개할 경우가 생기면 '야생초 연구가'가 아니라 '생태공동체 운동가'로 소개한다. 생태공동체에서는 자연생태계가 훼손되지 않으면서 인간과 야생초가 공생할 수 있다. 내가 《야생초 편지》에서 진정 말하고 싶었던 것은 우리 인간의 생명만큼이나 다른 모든 생명들이 소중하며, 개개의 생명들은 서로 연관되어 하나의 커다란 생명을 이루고 있다는 것이다. 우리 인간들은 이 생명의 공동체 안에서 하나의 생물종에 불과하지만 먹이사슬의 최상위에 있음으로 해서 자칫 맘을 잘못 먹으면 공동체의 조화를 깨뜨릴 수도 있기 때문에 늘 조심하여 깨어 있어야 한다.

우리가 살고 있는 생태계 안에서 야생초가 어떤 위치에 있고 인간과 어떤 공생관계에 있는지는 아랑곳없이 야생초 자체에만 탐닉해 또 다른 생명 파괴에 나선다면 나는 《야생초 편지》의 출간을 두고두고 후회하게 될 것이다. 만약 《야생초 편지》를 읽고 뒤늦게 야생초에 관심을 가지게 된 사람이 있다면 나는 그분들께 야생초를 단지 취미나 호기심 정도로 대할 것이 아니라 '생명의 관점'에서 바라보아주기를 진심으로 당부한다. 생명의 관점에서 야생초를 바라보게 되면 야생초와 우리가 함께 건강하게 살 수 있는 길이 틀림없이 보인다.

야생초에 깃든 풍요로운 삶

신록의 계절이다. 날씨도 알맞고 햇볕도 좋으니 엉덩이를 털고 바깥 공기를 쐬러 나가보자. 들판에 나가 온갖 풀과 나무들이 뿜어내는 신록의 기운을 맘껏 들이켜보자. 움츠러든 세포 마디 하나하나가 피웅피웅 하고 탱탱해짐을 느낄 수 있을 것이다.

기분이 좋아졌으면 이제 눈앞에 지천으로 깔린 풀과 꽃들을 식별해보자. 요건 토끼풀, 이건 민들레꽃, 저건 씀바귀, 저 멀리 키가 큰 놈은 수영……. 뭐가 뭔지 도무지 헷갈려 모르겠다면? 그럼 다음번부터는 옆구리에 식물도감을 끼고 와서 하나하나 대조해가며 알아맞혀보시길. 아마 재미가 쏠쏠할 거다.

어느 정도 낯이 익으면 이젠 이파리를 따서 맛을 보자. 독초건 식용이건 상관없다. 목으로 넘기지 않고 맛만 보는 거니까. 달고, 쓰고, 텁텁하고, 떫고, 맵고, 아리고……. 별의별 맛이 다 느껴질 것이다. 잊어먹기 전에 가지고 간 도감의 한 귀퉁이에 그 느낌을 적어보자. 만약 식용이라고 분명히 적혀 있고 자기 입맛에 잘 맞는다고 생각되는 것이 있으면 한 움큼 따서 집으로 가져가자. 단 개체수가 적은 것은 절대 손대지 말자. 맛만 기억해두었다가 다른 곳에서 군락을 발견하게 되면 그때 채취하도록 하자. 집으로 가져온 야생초는 일부는 먹고 일부는 마당에 심어보자.

 야생초를 먹기 위해서는 첫째, 잘 씻어야 한다. 자연상태에서 병균을 지닌 야생동물들과 접촉했을지도 모르기 때문이다. 먼저 몸체에 묻은 흙과 먼지를 잘 털어낸 다음 큰 양푼에 넣고 일차로 헹군다. 다음은 흐르는 물에 이파리 구석구석을 씻는다. 쓴 맛이 강한 것들은 물에 반나절 정도 담가놓는다. 원래 흐르는 물에 담가놓아야 하지만 그렇게 물을 낭비할 순 없으므로 중간에 자주 물을 갈아준다.
 야생초를 가장 손쉽게 먹는 방법은 날것 그대로 샐러드로 해서 먹거나 무쳐먹는 것이다. 봄에 나는 어린 싹들은 독성도 별로 없고 부드럽기 때문에 생으로 무쳐먹는 것이 가장 이상적이다. 이때 야생초뿐 아니라 각종 나무의 싹이나 덩굴의 싹도 훌륭한 무침거리가 된다. 주변에서 쉽게 볼 수 있는 나무와 덩굴을 몇 가지 추려보면 다음과 같다. 구기자나무, 두릅나무, 뽕나무, 아카시아나무, 오갈피나무, 오미자나무, 찔레나무, 댕댕이덩굴, 으름덩굴, 청미래덩굴, 다래덩굴, 청가시덩굴, 칡덩굴 등. 나무나 덩굴 싹은 부피가 있어서 야생초보다 오히려 씹는 맛이 더 좋다. 한두 가지만 가지고 무쳐도 좋지만 모듬으로 다 넣어서 무치면 더 다양한 맛을 느낄 수 있다. 이렇게 모듬풀을 완전식품인 생된장에 무쳐 먹으면 보약이나 영양제가 따로 필요없다.

야생초를 생으로 먹는 것이 께름칙한 사람들에게는 김치로 만들어 먹을 것을 권한다. 김치는 이미 세계가 인정하는 우리의 고유 식품이다. 이것을 훨씬 영양가 있고 향기가 좋은 야생초로 담그게 되면 그야말로 '금치'라 불러도 손색이 없다. 김치 담그는 법은 무, 배추로 담그는 일반적인 방법과 동일하다. 배추김치를 담글 때에 곁들여도 좋고, 야생초로만 담가도 좋다. 다만 야생초의 성질을 잘 모르고 담그면 먹지도 못하고 버리는 수가 있다. 너무 맛이 강하거나 향기가 심한 것은 함께 쓰지 않는 것이 좋다. 다른 재료들의 맛을 버리기 때문이다. 또 어떤 것은 파처럼 많이 넣으면 끈적거리거나 발효되면 맛이 변질되기도 한다. 요컨대 여러 번의 시행착오를 거쳐 자신의 입맛에 맞는 재료를 찾아내는 것이 중요하다.

야생초로 담근 김치 중에 가장 담그기 쉬우면서도 먹기 좋은 것이 모듬풀 물김치이다. 야생초 물김치를 담가 냉장고에 넣고 속이 더부룩할 때마다 그 국물을 마시면 소화제가 따로 없고 사이다가 필요없다. 뼛속 깊이 시원해지는 게 정신까지 또렷해짐을 느낄 수 있다. 그도 그럴 것이 야생초에 들어 있는 진귀한 영양소와 향기가 일반 양념들과 함께 잘 조화된 그야말로 세상에 둘도 없는 발효음료이기 때문이다.

물김치를 담가본 일이 없는 독자들을 위하여 특별히 여기에 야생초 물김치 담그는 법을 적어보겠다. 먼저 청정지역에서 자란 것으로 적어도 열 가지 이상의 식용 야생초를 채취한다. 다시 한 번 말하지만 맛이

나 향이 너무 강한 것은 쓰지 않는다. 이들은 십중팔구 맛의 조화를 깨뜨린다. 채취한 야생초를 흐르는 물에 깨끗이 씻어 서너 시간 소금에 절여둔다. 어느 정도 절여지면 다시 깨끗한 물로 헹군 다음 너무 큰 것이나 질긴 것들은 적당한 크기로 썬다. 그래야 먹기도 좋을 뿐 아니라 속의 것이 잘 우러나온다. 일반 김치 담글 때 쓰는 갖은 양념들을 준비한다(담백한 것을 좋아하는 분은 그냥 소금만 준비해도 된다). 커다란 김치통에 물을 가득 붓고 소금으로 간을 맞춘다. 이때 설탕을 조금 넣는데 단맛이 느껴질 정도로 넣으면 안 된다. 마늘과 풋고추를 대충 썰어서 넣는다. 고춧가루를 분홍색이 엷게 돌 정도로 넣는다(맑은 것을 좋아하는 분은 넣지 않는다). 취향에 따라 미나리나 부추, 오이, 얼갈이배추 등을 조금 넣어도 좋다. 마지막으로 다듬어놓은 야생초를 넣는다. 물과 건더기의 비율은 3대 1 정도가 적당하다. 김치통을 그늘진 곳에 며칠 두어 자연발효시킨다. 맛을 보아 약간 신맛이 나는 듯하면 바로 냉장고에 넣어 서서히 숙성시킨다.

그 밖의 요리 방법으로는 특별히 따로 소개할 것이 없다. 일반 요리 방법에 따라 야생초를 요리하면 그만이니까. 야생초를 주재료로 해도 되지만, 기존의 요리에 야생초를 살짝살짝 곁들이는 것도 특별한 묘미가 있다.

야생초는 먹는 것도 좋지만 마시는 것이 더 좋다. 이름하여 야생초

차다. 지상에 난 풀의 대부분이 먹을 수 있는 것이고 보면 그것으로 차를 만들어 마셔도 된다는 것이다. 가장 쉽게 차를 만들어 마시는 방법은 야생초를 깨끗이 씻어 그늘에 말린 뒤 뜨거운 물로 우려마시는 것이다. 좀 더 고급스러운 방법은 야생초 잎을 뜨거운 철판 위에 올려놓고 살짝 덖어마시는 것이다. 이렇게 덖으면 그냥 말린 것보다 더 깊은 맛을 느낄 수가 있다. 이파리뿐 아니라 꽃도 훌륭한 차 재료가 된다. 특히 가을에 흐드러지게 피는 들국화 종류의 꽃은 모두 좋은 차 재료이다. 꽃을 재료로 쓸 때는 그냥 말려서 쓴다.

야생초는 맛과 성질이 다 다르므로 차맛도 각양각색이다. 몸이 나른할 때는 맛이 차고 향이 강한 것이 좋고, 기분이 좋을 때는 달콤하고 부드러운 것이 좋으며, 우울하고 신경이 곤두설 때에는 담담하고 은은한 것이 좋다. 차의 맛을 잘 기억해두었다가 기분에 맞춰 만들어 마시면 야생초 차는 좋은 치료제가 된다.

야생초가 무궁무진하듯 야생초 차도 무궁무진하다. 만약 열 가지 야생초가 있다면 이를 조합하여 쉰 가지 이상의 차를 만들어낼 수 있다. 책에 씌어 있는 공식에 구애됨 없이 자기만의 차를 만들어 마시는 것이 중요하다. 맛과 향이 지나치게 강해서 요리에 넣기 곤란한 것들은 음료용으로 알맞다. 차즈기나 방아풀, 산국, 쑥, 익모초 등은 맛과 향이 강하므로 차를 만들 때 취향에 따라 조금씩 가미하면 특이한 맛을 즐길 수 있다.

야생초 차의 효능은 우리가 슈퍼에서 흔히 사먹는 녹차팩과 비교할 수 없을 정도로 탁월하다. 식물은 인간의 손길이 자주 갈수록 원래 가지고 있던 우수한 성분이 빠져나가고 외부의 공격으로부터 스스로를 보호하기 위한 물질들이 많아지게 된다. 녹차의 떫은맛이 그렇게 만들어진 것이다. 인간들이 하도 따니까 일부러 먹기 힘든 물질을 분비하는 것이다. 그에 비해 야생초는 천지자연의 기운을 고스란히 받아 자라는 것이므로 영양분의 손실이 전혀 없다. 그러므로 야생초 차를 마실 때 단지 한 잔의 차를 마신다기보다 천지자연의 엑기스를 내 몸에 모신다는 생각으로 마시면 효과가 백 배로 늘어난다.

커피와 열대산 과일주스에 이골이 난 우리의 미각에 야생초 차를 들이대는 것이 처음에는 생소하더라도 자꾸 마시다 보면 잊지 못할 깊이와 향기에 취해 점차 예찬론자가 될 것이다. 게다가 탁월한 질병예방 효과까지 있음에랴.

이제 미각과 후각을 통한 야생초 즐기기를 했으니 온몸으로 야생초 즐기기에 나서보자. 물론 가장 바람직한 야생초 즐기기는 직접 자연현장에 가서 야생초와 함께하는 것이지만, 바쁜 일상으로 그것이 여의치 않다면 집 안에 나만의 야생초 화단을 만들어 가꾸어볼 수 있다. 재배용 화초를 기르다 보면 자기도 모르게 더 진기하고 화려한 화초를 추구하는 경향이 생기지만 야생초는 전혀 그럴 필요가 없다. 자연에 순응하고 자연을 이해하려는 마음가짐만 있다면 보잘것없는 풀 한 포기에서도 일상생활에서는 맛볼 수 없었던 희열과 통찰을 느낄 수 있기 때문이다.

일단은 대문 밖이나 야산 어디에서나 흔히 있는 야생초를 집 마당에 옮겨 심어보자. 화분에 심는 것은 생존율이 다소 떨어지지만 마당에 심는 것은 생육조건이 아주 다르지 않은 한 실패하는 일이 별로 없다. 야생의 풀이기 때문에 심어놓고 별다른 관리를 하지 않아도 저 혼자 잘 자란다. 옮겨심기보다 더 쉬운 것은 씨앗을 뿌리는 것이다. 계절 따라 야외에 나갈 때마다 야생초 씨앗을 구해와 화단에 계속 뿌려두면 <u>스스로</u> 알아서 싹을 틔운다.

야생초 화단의 묘미는 바로 이 '우연성'에 있다. 어느 날 화단에 가보았더니 생각지도 않았던 자리에서 이름 모를 싹이 나오고 또 거기에서 예쁜 꽃이 피어난다. 이것은 복권을 사놓고 까먹고 있다가 당첨되었을 때 맛보는 기쁨과 비슷하다. 내일은 어떤 꽃이 필까 하고 늘 기다리는 마음으로 화단을 지나치게 된다. 집 안에 들어왔을 때 무언가 기다리고 있는 것이 있다면 확실히 퇴근길 발걸음이 가벼워질 것이다.

그렇다고 야생초 화단이라고 해서 그냥 내버려두기만 해서는 곤란하다. 적절한 관리가 필요하다. 왜냐하면 지나치게 공격적인 풀들이 있기 때문이다. 이런 풀들을 내버려두면 온 화단을 뒤덮어 세력이 약한 다른 풀들의 설 자리를 없애고 만다. 그러므로 틈나는 대로 개체수가 너무 많거나 덩굴성이 심한 것들은 일일이 제거해주어야 한다. 제거한 풀은 버리지 말고 화단에 깔아주거나 따로 마련한 장소에서 퇴비로 만든다. 집에 퇴비장을 만들어두면 여러모로 편리하다. 부엌에서 나오는 음식물 쓰레기와 걷어낸 풀을 함께 퇴비로 만들 수 있기 때문이다. 야생초는 대체로 거름이 따로 필요없지만 왠지 잘 자라지 않는 것이나 특별히 기름진 흙을 좋아하는 것들에게 조금씩 뿌려주면 좋다.

야생초 화단을 관리할 때 특히 주의할 점은 함부로 땅을 뒤엎지 말라는 것이다. 씨앗을 심더라도 심을 자리만 살짝 들어내어 심는다. 땅을 뒤엎으면 토양생태계가 혼란에 빠지고 결국은 화단 전체에 영향을 미치게 된다. 토양 속에는 지상에서보다 훨씬 다양한 생명들이 서로 얽히고설키어 복잡한 생명의 그물을 이루고 있기 때문이다.

자녀를 둔 주부라면 아이들에게 야생초 생육일기를 만들어보도록 권해보자. 맛있는 것을 사준다든지 좋아하는 것을 하게 해준다든지 해서라도 말이다. 만약 아이가 야생초 생육일기를 제대로 작성할 수 있다면 학교에서 선생님으로부터는 절대 배울 수 없는 것들을 아이 스스로 터득하게 될 것이다. 예를 들면 생명의 신비라든지 계절에 따른 자연 현상의 오묘한 변화 같은 것이다. 이런 것들은 누가 가르쳐서 알 수 있는 것이 아니다. 자연과 함께 생활하면서 저절로 알게 되는 것이다. 생명과 자연에 대한 올바른 이해야말로 아이가 이 세상을 의미 있게 살아가는 데 있어 가장 중요한 덕목이다.

먼저 아이가 직접 씨앗을 뿌리거나 옮겨 심게 한다. 싹이 나와 자라게 되면 매일은 아니더라도 일주일에 이삼 일은 화단에 나와 식물을 관찰하면서 그림일기를 만들어본다. 식물뿐 아니라 식물과 가까이 있는 여러 가지 곤충과 작은 생물들도 함께 관찰하게 한다. 처음엔 관찰한 것을 그대로 적고 그리는 것에 충실하도록 지도하다가 이해도가 깊어지면 자신의 주관적인 느낌과 생각도 함께 기술하도록 유도한다.

부모는 이 과정을 사진으로 기록하여 앨범으로 만들거나 인터넷 홈페이지에 올려 아이로 하여금 자신의 성장과정을 지켜보고 돌아볼 수 있게 만들어준다. 이런 과정을 몇 년 거치고 나면 아이의 관찰력과 글쓰기, 그림 그리기 능력이 눈에 띄게 향상되었음을 발견하게 될 것이다. 무엇보다 중요한 것은 세상을 바라보는 아이의 눈이 자연을 닮아간다는 것이다.

엄마와 아이가 함께 '야생초 백 배 즐기기'에 나서보자. 무공해 자연산 식품으로 식탁은 더욱 풍부해지고 온 집안에 건강과 생기가 넘쳐날 것이다. 또한 학교에서 돌아온 아이들을 몰인정하게 학원으로 내모는 일도 줄어들 것이다.

결국 사람에게 달렸다

1989년 겨울, 차디찬 감옥 안으로 믿을 수 없는 소식 하나가 면회자의 입을 통해 전해졌다. 그 무렵의 감옥은 신문 한 장 없는 외딴섬과 같아서 면회하러 나간 동료가 물어오는 단편적인 소식만이 바깥세상에 대한 거의 유일한 정보였다. 세계 진보진영의 주축이었던 소련이 사회주의의 깃발을 내렸다는 것이었다. 청천벽력과도 같은 소식이었다.

어떤 이는 벽에 머리를 기대고 숨죽여 우는가 하면 어떤 이는 얼이 빠진 듯 허공만 바라보았다. 이제 세상은 어떻게 되는 것일까? 그동안 수구부패 세력들과 가열차게 싸워왔던 진보운동권의 운명은 어찌될 것인가? 밑 모를 불안과 혼돈 속에서 운동권 인사들은 처음으로 자신의 처지를 되돌아보기 시작했다. 뒤이어 동구권이 줄줄이 무너져나갔지만 '천만다행'으로 '주체의 조국' 북한은 멀쩡했고 마오쩌둥의 중국은 사회주의 정치체제를 유지한 채 자본주의를 실험하고 있었다.

그로부터 8년 후 독재자 박정희에 뿌리를 둔 정당들을 물리치고 소위 진보운동권이 정권을 장악하는 대사건이 일어났고 그 5년 후에는 이전

정권보다 더 진보적인 정권이 들어서는 '기적'이 연출되었다. 이에 놀란 보수진영은 총궐기에 가까운 대반격을 시도했고 서툰 국정운영에 실망한 국민들은 기꺼이 보수진영 편에 손을 들어주었다.

일이 이렇게 되고 보니 진보진영에서는 또다시 '진보란 무엇인가?' 하고 자신의 정체성을 되묻지 않을 수 없게 되었다. 전문가, 비전문가를 막론하고 대부분의 사람들은 진보를 사회주의와 관련이 있다고 생각한다. 성장보다 분배에 더 신경을 쓰고, 자본주의 강대국에 의해 핍박받는 나라들과의 관계 개선을 중요하게 여기는 것에서 그런 느낌을 갖는 것 같다.

그러나 실상을 들여다보면 이전의 보수정권 이상으로 성장에 신경을 쓰고, 자본주의 강대국들과의 관계유지를 중요하게 여겨온 것 또한 사실이다. 진보정권이라 하여 어느 한쪽을 소홀히 할 수는 없는 노릇이다. 그러나 한국 사회의 이념적 편향이 워낙 심하다 보니 정부가 분배를 소홀히 하거나 자본주의 강대국들에게 끌려다니는 듯한 느낌이 들면 진보진영으로부터 욕을 얻어먹고, 반대로 성장을 소홀히 하고 사회주의 국가들과의 관계를 강화하는 듯한 느낌이 들면 보수진영으로부터 욕을 얻어먹는다. 한마디로 진보적 권력을 행사하기가 몹시 어려운 환경이다.

어찌 보면 현재의 참여정부란 것도 40년 넘게 미국과 일본에 기대어 극단적인 성장을 위주로 발전해온 데 대한 일시적인 조정국면일지도 모른다. 참여정부가 입으로는 줄곧 진보와 개혁을 외쳐대면서도 한 치의 흔들림 없이 신자유주의 정책을 고수하는 것을 보면 짐작이 갈 것이다.

정체성의 변화는 이렇듯 주어진 조건과 관성으로 인해 쉽사리 변할 수 없는 것이기에 나는 진보적 정권에 의한 급격한 변화 따위는 생각해본 일이 없다. 다만 권력을 거머쥔 진보적 인사들의 행태에 더 관심이 갔다.

왜냐하면 그들에 대해 비교적 잘 알 수 있는 위치에 있었기 때문이다. 오만한 발언일 수 있겠지만 오랜 감옥생활을 통해 나름대로 '인간이라는 정치적 동물'을 들여다본 결과 사상이나 이념, 투쟁경력 따위는 모두 권력을 잡기 위한 수단에 불과하다는 것을 알게 되었다.

사람이 문제였다. 아무리 그럴듯한 이념과 정책을 가지고 있다 하더라도 권력을 행사하는 사람이 유리알같이 투명하지 않으면 정치는 권력놀음이 되고 만다. 그리고 투쟁하는 사람은 사물을 투쟁의 관점에서 보게 마련이다. 투쟁이란 일이 이루어지는 과정의 한 단면일 뿐인데 매사를 투쟁적으로 대하다 보면 주위 환경이 늘 싸움터처럼 느껴진다. 그런데 민주인사들은 민주화를 위해 투쟁했음에도 불구하고 진정한 민주주의를 구현하는 데 있어서는 몹시 서툴다. 싸우면서 닮는다고 민주주의의 적에 대항하여 싸우는 동안 엄혹한 탄압과 감시 속에서 일하다 보니 제대로 된 민주주의 훈련을 받아본 일이 없었던 것이다.

마지막으로, 진보적 인사들이 한 시대를 관리하는 데 있어 결정적으로 실패한 분야는 생태·환경 분야이다. 그들은 오랜 세월 독재와 외세에 맞서 투쟁하는 동안 생태적 감수성을 체득할 기회를 거의 갖지 못했다. 우여곡절 끝에 권력을 잡고 보니 이미 생태주의 시대의 한 가운데 서 있는 자신을 발견하게 된다. 생태문제를 관리할 철학과 능력은 없고, 성장신화에 세뇌된 국민들의 요구와 세계화의 압력은 드세고……. 결국 그들로서는 개발주의에 기대는 것이 가장 안전한 선택이었던 것이다.

결국 정권이 보수에서 진보로 바뀌었어도 우리 사회는 크게 변한 것이 없다. 보수세력은 진보가 정권을 맡고 나서 나라가 거덜났다고 아우성이지만 그것은 과장된 정치공세에 지나지 않는다. 주요 국가정책이 보수진영의 그것과 별로 다르지 않은데 진보적 정권이라 하여 특별히 다른 결과를 낼 리는 없다. 오히려 보수세력이 계속 집권했다면 사회양극화 현상이 더욱 심해졌을 것이다. 설사 재야에 있는 진보세력이 권력을 잡더라도 결과는 크게 다르지 않을 것이다. 그들도 방금 전에 밝힌 비판으로부터 자유롭지 못하기 때문이다.

진보가 대안이 아니라면 우리는 어떤 선택을 해야 할까? 이념과 제도보다도 사람이 문제라고 했다. 그렇다. 사람에 초점을 맞추어야 한다. 단순히 '정직하고 도덕적인 사람' 정도로는 대안이 될 수 없다. 그런 얘기라면 이 땅에 정치권력이 성립된 이래 무수히 거론된 터이다.

사람은 사람이되 시대가 요구하는 사람이어야 한다. 상극의 시대를 접고 상생의 시대를 열어가는 사람이어야 한다. 가진 자들끼리 적당히 주고받는 형식적인 민주주의를 넘어 개개인의 주권은 물론 모든 생물종들의 권리까지 보살피는 참민주주의를 실현할 수 있는 사람이어야 한다. 소유가 아니라 존재를 실현하는 사람이어야 한다. 모든 존재가 서로 연결되어 결국은 하나임을 아는 사람이어야 한다. 인간의 차원을 개체와 집단을 넘어 우주적 차원까지 확장시킬 수 있는 사람이어야 한다.

인간이 발휘할 수 있는 기능 가운데 이 모든 일을 가능하게 하는 것이 있으니 바로 '영성'이다. 영성이 높으면 그와 같은 높은 차원의 일들을 능히 해낼 수 있다. 우리 인류는 '운 좋게도' 지금으로부터 이삼천 년 전에 영성이 아주 높은 인간을 몇 사람 가질 수 있었다. 지금도 우리가 흠모해 마지않는 석가나 예수, 공자, 노자 같은 성인들이다. 인간은 이미 그 당시에 도달할 수 있는 최고의 영성에 이르렀던 것이다. 그러나 그것은 선택받은 몇 사람일 뿐 대다수의 사람들은 마치 안개 속을 헤매듯 갈등과 고뇌에 휩싸여 서로를 기위하고 배척하며 죽고 살기를 거듭하였다. 인류사에 있었던 수많은 전쟁과 학살이 이를 말해주고 있다.

그러나 한 인간이 다다른 높은 수준의 영성은 결코 그 한 사람에 머물지 않았다. 그것은 공명을 일으키며 시공을 가로질러 인간 사회에 널리 퍼져나갔다. 과학과 문명이 발달할수록 파괴하고자 하는 부정의 힘도 증가했지만 그에 반해 창조와 조화의 기운도 더욱 거세어졌다. 그 옛날 단지 몇 사람에게만 허락되었던 높은 수준의 영성이 지금은 평범한 사람일지라도 자신의 노력 여하에 따라 얼마든지 가능하게 되었다. 그리하여 마침내 인간의 파괴적 본능이 생명계 전체를 위협할 정도로 극대화되자 이를 근원적으로 치유하고자 하는 영성적 인간의 출현도 보편화되기에 이른다. 달이 차면 기울고, 양이 있으면 그 만큼의 음이 있게 마련인 것이다.

정치, 경제, 사회, 문화 등 모든 분야에 있어 진보를 향한 인간의 여정은 한순간도 쉬어본 일이 없다. 변화의 관점에서 본다면 인류사는 진보의 역사라 해도 과언이 아니다. 그러나 아무리 물질과 제도가 발달했다 하더라도 나와 내 이웃(인간을 포함한 모든 생물종)이 함께 행복하고 평화롭지 않다면 아무 소용이 없다. 행복이나 평화는 물질에서 올 수도 있지만 본질적으로 인간의 내부에서 발현되는 것이다. 그런 점에서 물질과 제도의 진보는 참행복을 위한 필요조건은 될지언정 충분조건은 되지 못한다.

물질적 진보에 대한 인간의 욕심은 한이 없지만 인간을 만족시킬 수 있는 물질의 정도는 실상 보잘것없다. 이 욕심과 실재의 차이가 크면 클수록 인간 사회는 불행해진다. 영성은 이 차이를 극복하여 참행복에 이르게 하는 거의 유일한 수단이다. 인간 사회에 진보가 있다면 영성의 진보가 있을 뿐이다.

깨우친 대로 사는 삶을 위하여

왜 생태주의 시대인가?

　인류 역사의 시대구분은 어떤 기준을 잡느냐에 따라 달라질 수밖에 없지만 흔히 근대와 전근대로 나누곤 한다. 근대의 시작을 언제부터로 볼 것인가도 학자에 따라 다르지만 오늘날 우리가 살고 있는 모습을 결정지어준 산업혁명이 일어난 18, 19세기로 잡는 데에 큰 무리가 없을 듯하다. 산업혁명은 인류역사에 있어 두 번째로 큰 혁명적 사건이었다.

　첫 번째 혁명은 대략 5천 년 전쯤에 일어난 농업혁명이다. 농업혁명이 일어나기 전까지 인간은 수렵과 채취에 의존하여 살았다. 작물을 재배하고 동물을 길들여 사육하기 시작하면서 인간은 비로소 정착생활을 하기 시작했다. 안정된 식량공급과 정착생활은 급격한 인구증가를 가져왔고 이 무렵에 지구의 곳곳에 수많은 도시와 촌락이 만들어졌다. 이와 더불어 인간생활을 지배하는 정치조직과 종교가 생겨났으며 이후 오랜 세월 동안 정치와 종교는 인간 사회 지배를 위한 주도권 다툼을 벌이게 된다.

농업혁명을 통하여 인구가 급증했다고 하지만 농업이란 것이 기본적으로 자연조건의 제약을 많이 받는 것이라서 자연에 대한 생태적 파괴는 결코 우려할 만한 수준이 아니었다. 그러나 산업혁명으로 인해 모든 작업이 기계로 대치되면서 사정은 달라진다. 이전에 간단한 도구와 동물의 힘을 빌려 했던 작업량의 수십 배 또는 수백 배를 단 하루만에 해치울 수 있게 된 것이다.

게다가 농촌이 해체되어 대부분의 인구가 도시에 몰려 살게 됨으로써 거대한 도시인구를 먹여 살리기 위한 대규모 단작농업이 행해짐에 따라 환경파괴는 피할 수 없게 되었다. 그리고 수많은 공장과 그 공장에서 생산된 기계들은 지구가 감당할 수 없을 정도의 오염물질을 배출하기 시작했다. 이러한 환경파괴적인 산업활동이 끝없이 생산을 증가시켜야만 체제가 유지되는 자본주의 방식에 의하여 이루어짐에 따라 지금 인류는 삶의 토대가 통째로 붕괴될 위기에 처하고 말았다.

이제 시대는 싫건 좋건 간에 새로운 변화를 받아들이지 않을 수 없게 되었다. 현재와 같은 삶의 방식이 조금만 더 계속되면 인류는 물론 다른 생물종들도 다 함께 공멸하고야 말 것이기 때문이다. 우리 인간은 하나뿐인 지구에 살아남기 위해 생태 문제를 최우선시하고 생태가치를 생활의 전반에 구현하고자 하는 생태주의 시대를 선포하기에 이르렀다.

서구문명과 인간

사실 산업혁명이니 생태위기니 하지만 이 모두가 서구문명이 세계를 지배한 데 따른 결과이다. 따라서 위기를 정확히 진단하고 그것으로부터 벗어나기 위해서는 서구문명의 본질을 잘 알지 않으면 안 된다. 서구문명이 인류사의 진보에 기여한 바가 많기는 하지만 다음과 같은 치명적인 오류로 인해 세계를 지금과 같은 위기 상태로 몰아넣었다고 본다.

첫째, 신과 인간의 분리이다. 서구인들은 신을 인간의 관점에서 타자화하고 절대화했다. 그리하여 인간을 신의 의지에 매달려 있는 종속물로 보았다. 이를 바탕으로 권력자(세속권력이건 종교권력이건)들은 신의 의지를 내세워 전쟁과 탄압을 정당화했다.

둘째, 인간과 자연의 분리이다. 신이 인간을 지배하듯 인간은 자연을 지배한다. 신은 인간이 먹고살 수 있도록 자연을 마련해주었으므로 인간은 마음대로 자연을 착취하고 이용할 수 있다. 지금의 자본주의는 자연자원을 제한 없이 사용할 수 있다는 전제 아래 이루어지고 있어 문제가 되는 것이다.

셋째, 인간과 인간의 분리이다. 서구인들은 신이 선택한 종으로서 나머지 인종들을 자기들이 믿는 신에게 인도할 의무, 또는 적어도 자신들과 같은 '문명인'으로 만들 의무가 있다고 여겼다. 심지어 다른 인종을 마치 자연물처럼 생각하여 가축을 도살하듯 마구잡이로 죽이고 말살하는 일이 종종 있었다.

이러한 '분리와 지배'는 서구 합리주의와 결합하여 인간 사회의 모습을 근본적으로 변화시켰다. 자연은 인간의 의도에 따라 변형되었고, 사회는 기능적으로 분화되었다. 이 변화는 서구의 개인주의와 결합하여 철저한 분절사회(compartmentalized society)로 나아가고 있다. 분절화는 조직의 규모가 커지면서 나타나는 사회현상으로 그 안의 개인은 원자화, 도구화되는 경향을 보인다. 대형아파트나 종합병원, 대기업 사무실의 구조를 들여다보면 이것을 쉽게 확인할 수 있다. 분절사회는 소수의 전문가와 대기업이 주도하며 이것은 '대량생산 — 대량유통 — 대량소비 — 대량폐기'를 특징으로 하는 현재의 자본주의를 지탱하기에 가장 적합한 형태로 자리잡고 있다.

대안으로서의 생태공동체의 등장

서구 자본주의 문명은 부의 증대와 생활의 편리를 위해서는 지금까지 인류가 발견한 가장 효과적인 체제로 입증되었으나 반면에 인간 사회와 지구 생태계에 치유할 수 없는 상처를 남겼으며 그 상처는 날이 갈수록 깊어만 가고 있다. 소외 문제, 사회적 불평등의 심화, 생태계 파괴 등이 그것이다. 이를 그대로 두었다가는 문명의 종말은 물론 종으로서 인간의 멸절까지 예측되는 실정이다.

대안으로서의 생태공동체는 단순히 자본주의 체제의 결점을 보완

한다기보다 지금의 문명을 대체할 새로운 문명으로서 제기되었다고 보는 것이 옳다. 현재의 서구문명이 자연과 사람과 사회 사이를 분리하여 지배하는 것에 초점이 맞추어져 있다면, 생태공동체는 이들 간의 일치와 조화를 목표로 하고 있다. 그리고 자본주의가 극단적인 물질 추구로 인하여 인간을 상품의 하나로 전락시킨 데 대하여 생태공동체에서는 인간을 영성 가득한 신령스러운 존재로 복원하고자 한다. 생태공동체는 다음과 같은 세 가지 구성요소로 이루어져 있다.

첫째, 생태적이다. 생태공동체에서 사람은 다른 생물종과 똑같이 지구 생태계의 보존과 유지에 복무하는 생물종의 하나에 불과하다. 따라서 생태공동체에선 살림살이의 모든 구조와 양식이 생태주의 원리에 근거하여 만들어진다. 생태건축, 쓰레기 제로, 재생에너지, 생태농업, 생태마을, 생태도시 등이 그 내용이다. 이로써 사람과 자연 사이의 조화를 이룬다.

둘째, 공동체적이다. 생태계 내의 생물들이 군집(community)을 이루어 살고 있듯이 사람도 공동체를 이루어 사는 것이 가장 자연스러우며, 공동체 안에서 비로소 참된 민주주의를 실현할 수 있다. 겨우 백년 전까지만 해도 인류는 대부분의 시간을 마을공동체 안에서 살아왔으며 또 그 안에서 진화를 거듭해왔다. 때문에 인간은 다른 어떤 사회조직보다 마을공동체 안에서 안정감과 정체성을 가진다. 문제는 오래된 공동체 구조를 어떻게 현대화하느냐이다. 공동체의 기본 단위는

'마을공동체'이지만, 적절한 다양성과 자립을 위해 '지역공동체' 또는 '생명지역'을 전략적 단위로 삼아야 한다. 이로써 사람과 사람 사이의 조화를 이룬다.

셋째, 영성적이다. 인간은 하나의 생물종에 불과하지만 노력하기에 따라 생물종 가운데 가장 뛰어난 영적 존재가 될 수 있다. 지금까지의 문명은 인간의 영적 능력을 고양시키기보다 자연을 파괴하고 다른 종족을 지배하는 일에 더 힘을 쏟는 바람에 멸망의 운명을 피할 수 없었다. 지속가능한 문명은 인간 영성을 계발하는 데 달려 있다. 생태공동체는 영성 계발을 위한 가장 적합한 사회체제이다. 이로써 사람과 신 사이의 조화를 이룬다.

동양의 인간관과 생태공동체

물질과 정신, 인간과 신, 인간과 자연의 분리를 추구했던 서양의 주류 철학과 달리 예로부터 동양에서는 사람을 하나의 소우주로 보아 마음닦기(수행)에 따라 우주와 한 몸이 될 수 있다고 보았다. '천지만물이 나와 한 몸'이라는 주장이 그것이다.

특히 한국의 전통사상인 삼재론(三才論) 또는 삼신사상(三神思想)은 생태공동체의 이념을 구현하기에 전혀 부족함이 없다. 삼재론은 하늘과 땅과 사람이 서로 다르면서도 하나라는 전일론적인 사상으로 생태공동체의 세 구성요소와 정확히 맞아떨어진다. 하늘은 영성과, 땅은 생태와, 사람은 공동체와 각각 짝을 이룬다. 고조선의 건국정신인 홍익인간은 '널리 세상을 이롭게 한다'는 뜻으로 이 역시 삼재론과 연관이 있다. 홍익인간이 되라는 것은 하늘과 땅과 사람이 하나임을 아는 인간이 되라는 것이다. 동학의 인내천(人乃天) 사상도 마찬가지이다.

우리는 이같이 훌륭한 생태주의 사상을 가지고 있으면서도 서양의 물질주의 문명에 세뇌되어 우리 것을 홀대하고 남의 흉내만 내다가 사회와 자연을 황폐하게 만들고 있다. 생태공동체의 이념과 정확히 부합하는 우리의 전통사상은 생태주의 시대를 살아가는 지침이 될 수 있다.

영성에 대하여

삼재론에 의하면 생태 안에 공동체와 영성이 다 들어 있고, 공동체 안에도 생태와 영성이 다 들어 있다. 따라서 생태 영성 또는 공동체 영성이라는 말이 생긴다. 영성을 어떤 측면에서 보는가에 따라 달라진다. 영성은 쉽게 말해 종교 이전이다. 모든 종교는 영성에 특정 문화의 옷을 입힌 것이라 할 수 있다. 가령 기독교는 영성에 그리스·로마·유럽 문화의 옷을 입힌 것이며, 이슬람교는 영성에 아랍 문화의 옷을 입힌 것이다.

영성은 아직 종교가 성립하기 이전에 인간이 천지자연의 일부로서 나와 남의 구별이 없던 시기에 생겨난 것이다. 이렇게 모든 것이 혼융된 상태에서는 하늘과 땅과 사람이 하나라는 생각이 아주 자연스러웠던 것이다. 문명이 발달하면서 모든 요소들이 분화 발전함에 따라 영성은 제도화되어 종교 또는 특이한 신념체계로 변해갔다. 유사 이래로 대부분의 끔찍한 전쟁들이 종교의 다름에 의해 저질러졌다는 것을 생각하면 종교에서 추구하는 영성이란 것이 심각하게 변질되었거나 왜곡되었다고 볼 수 있다.

생태주의 시대는 영성의 회복이 가장 중요한 과제이다. 이전 시기에 영성을 제대로 추구했다면 지금처럼 생태계가 망가지고 사회가 각박해지지는 않았을 것이다. 영성은 어렵게 생각하면 한없이 어렵지만 쉽게 생각하면 아주 쉽다. 가령 우리들에게 친숙한 말이 되어버린 '밥이 하늘이다' 또는 '밥 한 알에 천(天), 지(地), 인(人)이 다 들어 있다'와 같은 경구를 조용히 묵상하는 것만으로도 우리는 충분히 영성적 인간이 될 수 있다.

중요한 것은 이해하고 깨닫는 것이 아니라 깨우친 바대로 사는 것이다. 따라서 생태공동체 사회를 건설하기 위해 노력하는 것은 영성적으로 사는 것이라고 말할 수 있다.

민들레는 장미를 부러워하지 않는다

1판 1쇄 발행 2006년 10월 31일
1판 11쇄 발행 2019년 10월 25일

지은이   황대권
펴낸이   정중모
펴낸곳   도서출판 열림원
출판등록   1980년 5월 19일(제406-2000-000204호)
주소   경기도 파주시 회동길 152
전화   031-955-0700
팩스   031-955-0661~2
홈페이지   www.yolimwon.com
이메일   editor@yolimwon.com

ⓒ 2006, 황대권

* 책값은 뒤표지에 있습니다.

ISBN 978-89-7063-766-2 13810